ANDRÉ C. H. A.

AU-DESSUS DES BATAILLES

CARNET DE GUERRE D'UN AVIATEUR

PARIS

ARTHÈME FAYARD & CIE, ÉDITEURS

18-20, RUE DU SAINT-GOTHARD

AU-DESSUS DES BATAILLES

CARNET DE GUERRE D'UN AVIATEUR

ANDRÉ C. H. A.

AU-DESSUS DES BATAILLES

CARNET DE GUERRE D'UN AVIATEUR

PARIS

ARTHÈME FAYARD & Cᴵᴱ, ÉDITEURS

18-20, RUE DU SAINT-GOTHARD

AU-DESSUS DES BATAILLES

I

LA MAUVAISE NOUVELLE

Mirafiori, juillet 1914.

La journée de dur labeur s'est passée dans le hangar, sous les tôles surchauffées ; nous avons fermé les portes à cause de l'intolérable rayonnement solaire, et nous travaillons autour de l'aéroplane, dans une chaleur d'étuve toute saturée de vapeur d'essence et de l'odeur obsédante du « novavia » dont nous vernissons nos surfaces.

Les heures chaudes passent ainsi, péniblement. Une équipe de mécaniciens italiens, à demi nus et ruisselants de sueur, s'acharnent au montage de notre nouveau moteur, en toute hâte, parce

que le temps presse et que la besogne doit être
terminée pour demain à l'aurore.

Demain ! Et, subitement, je me prends à songer à ce demain plein d'incertitude, gros d'un
destin formidable ! A midi, les journaux arrivés
de la ville considéraient la guerre comme inévitable, puis des nouvelles presque rassurantes
sont venues, plus tard, par le téléphone.

Maintenant, le soleil baisse, je fais ouvrir lar-
gement les portes du hangar, et, tout d'un coup,
la splendeur d'un soir d'été d'Italie nous apparaît,
avec sa grâce et sa force, sur l'immensité de l'aérodrome vide ; tout autour sont les champs, les
canaux rectilignes pleins d'eaux vives, avec leurs
longues files de mûriers qui les bordent, jusqu'à
l'horizon incertain où s'estompent des collines ;
puis c'est, au nord et à l'ouest, le cirque alpestre
qui érige sa féerie en plein ciel.

Il y a tant de sérénité dans ce paysage familier, tant de douceur suave dans cette belle soirée
d'été, tant de chants d'oiseaux, tant de verdures
et de fleurs le long des eaux courantes, que je ne
puis fixer ma pensée sur l'horreur d'une guerre
prochaine, ni croire qu'une telle chose soit possible. Et, en dépit des voix étrangères qui résonnent autour de moi, malgré les chants de
moissonneurs, avec la cadence inaccoutumée de

leur rythme, je ne ressens pas cette impression d'exil, de dépaysement que l'on éprouve si âprement dans les heures de crise.

Peu à peu, sous la lumière mourante, dans une paix plus douce et plus recueillie, le soir vient. Les oiseaux se taisent, et l'on n'entend plus que la rumeur intermittente d'un moteur d'aéroplane, là-bas, vers les hangars militaires, et ces chants de moissonneurs sur les routes.

Les mécaniciens, exténués, sont venus sur le seuil, tout débraillés, couverts d'huile et de sueur ; au sortir de cette chaleur concentrée parmi les fortes odeurs d'essence et de vernis, ils respirent délicieusement la senteur des verdures et cette fraîcheur qui monte de la terre et des eaux courantes, en offrant leur poitrine nue à l'air du soir.

Et je les laisse en repos, parce qu'ils sont las, et aussi parce que j'attends leur chef, l'ingénieur C..., mon ami, qui est allé à la ville voisine chercher des nouvelles ; si c'est la guerre, à quoi bon presser un travail devenu inutile : je devrai laisser là mes aéroplanes et partir, partir tout de suite vers mon pays menacé.

A mesure que les instants s'écoulent, l'attente devient plus pénible ; un pressentiment sinistre obscurcit par instant ma méditation, puis, incon-

sciemment, à cause de cette nature en repos et
de toute la joie terrestre épandue, je me reprends
à espérer.

Pour donner un aliment à cet optimisme instinctif et en quelque sorte réflexe, je me dirige
vers le téléphone ; j'avais l'espoir d'obtenir
quelque nouvelle, bien que les militaires (à qui
il appartient) soient particulièrement discrets en
matière de politique étrangère.

Tandis que je suis le chemin qui longe les ba-
raquements de la troupe, je croise une équipe de
mécaniciens allemands, qui ont quitté le hangar
où ils montent un « aviatik ». En passant près de
moi, ils chantent; je ne comprends pas les paroles, mais l'air est agressif et sauvage ; ils le
lancent avec une mime provocante qui contraste
avec leur obséquieuse bassesse ordinaire ; ils ont
quelque chose de hargneux et de menaçant, et,
tout à coup, j'éprouve une répulsion pour ces
hommes, hier encore indifférents ; tout à coup,
je les sens très lointains et très dissemblables,
avec leur air de rage sournoise, comme des chiens
en révolte. Et cela m'est surprenant et presque
pénible, tellement cette notion d'une autre race
hostile m'est subite et inattendue.

Brusquement, arrive une motocyclette ; lancée
en projectile, elle fonce sans ménagements dans

le groupe hargneux qui s'égaille avec des cris de colère, et vient vers moi. Je reconnais l'ami C..., qui, emporté par son erre, me fait au passage un geste d'incertitude : Rien !

En dépit de moi-même, je me sens soulagé, tant ces Boches, avec leurs chants sauvages, avaient ravivé mes sombres pressentiments, non point que je craigne la guerre, mais je ne l'aime point, malgré tout son attrait de grande aventure ; et puis je sens bien que l'heure est mauvaise, que nous avons besoin de nous préparer à l'inexorable duel ; tant de travaux commencés, tant de projets près d'éclore ont besoin de quelque répit ! Tout au fond de moi, je ne puis croire que cela soit possible, cette ruée, cette dévastation et cette tuerie de la guerre moderne entre les peuples les plus civilisés de la terre...

D'un brusque virage, mon ami est revenu vers moi ; il arrête sa motocyclette et, encore en selle, m'explique : « Pas de nouvelles particulièrement alarmantes, l'attente se prolonge, qui peut amener une accalmie ; il doit ajouter toutefois que, s'il n'y a pas de notes officielles, le convoyeur d'une maison de transit aurait annoncé que la frontière était fermée à Modane, et la mobilisation sur le point d'être décrétée en France... Pour sa part, mon ami n'ajoute aucune foi à ces racontars,

et croit que nous devons pousser les travaux de
l'aéroplane, l'essayer dès l'aurore et partir aussitôt pour la Toscane, où nous appellent nos enga-
gements. »

Tant de confiance de la part de cet ami italien,
que je sais perspicace et dévoué, a fortifié mon
optimisme, et ensemble nous retournons vers les
hangars.

Maintenant, le crépuscule est venu ; les montagnes s'effacent à l'extrême horizon et les premières étoiles s'allument ; l'aérodrome est un
grand désert, où, à petit bruit, prélude le concert
des nuits d'été ; alors commence la féerie des lucioles : c'est, d'abord, au ras du sol, au niveau des
hautes graminées, un petit éclair bleuâtre, si rapide, si fugace, si hésitant de faible luminosité,
qu'on se prend à douter de la réalité de cette fantasmagorie subtile. Puis, de-ci de-là, d'autres
lueurs naissent et s'affirment, plus éclatantes et
plus nombreuses à mesure que l'ombre s'accroît.
Et toujours ces petits éclairs linéaires augmentent
d'intensité et de fréquence, avec leur petit éclat
d'étincelle instantanée. Bientôt, au-dessus des
eaux noires, où les arbres des rives font l'ombre
plus épaisse, les quadrilles lumineux s'organisent,
et cette danse silencieuse d'étoiles, avec les éclats
brusques de points lumineux soudain exaspérés,

a quelque chose de féerique et de mystérieux. Maintenant, dans le crépuscule, la fantasmagorie gagne de proche en proche, l'obscurité est toute scintillante, et jusqu'à notre hangar nous marchons au milieu de ces essaims de lucioles.

Autour des aéroplanes, les hommes se sont remis à la tâche après un bref repas ; il ont allumé leurs flammes d'acétylène, et le travail nocturne commence, plus pénible et plus fiévreux après cette journée d'exténuante chaleur.

Tout entier à ma besogne, j'oublie presque les préoccupations tragiques de la soirée, et je m'efforce, dans l'application d'un effort constant, à parer de mon mieux aux défaillances possibles de mon aéroplane, à ces trahisons des choses, qui sont notre perpétuel souci.

Et le labeur nocturne se prolonge ainsi ; en dépit de toute notre habitude, il a quelque chose de nerveux et d'insolite ; les moindres bruits prennent une résonance hostile ; les phares d'acétylène sifflent et crachotent avec un petit bruit obsédant.

Dehors, c'est la grande nuit et le grand silence ; partout fulgure la fantasmagorie muette des lucioles qui brillent sans éclairer, scintillent d'un feu pâle et mort, malgré tout ce mouvement frénétique, dans un silence impressionnant.

Et le travail s'achève; les mécaniciens, harassés, se couchent au hasard et s'endorment, tandis que je fais apporter un lit de soldat et que je m'installe sous les ailes mêmes de mon aéroplane; je ne veux pas quitter le hangar pour être prêt, à la pointe de l'aube, à essayer en vol mon nouveau moteur.

Dans le hangar endormi, on n'entend plus que le sifflotement de l'acétylène, les tôles du toit qui craquent de retrait sous la rosée ou résonnent sous la griffe de quelque rapace nocturne.

Allongé sur mon lit de soldat, je ne puis m'endormir; je songe, et ma pensée, en dépit de tout, revient sans cesse à la guerre; je tends l'oreille aux bruits nocturnes, comme pour saisir l'approche d'une menace qui rôde dans le noir, mais rien ne trouble le silence que le bruit de l'eau qui clapote en courant dans le ruisseau qui longe le hangar.

Et subitement, j'entends, très loin, une automobile, dont l'échappement libre résonne dans la nuit; instinctivement, sans savoir pourquoi, je me mets à suivre avec une extraordinaire angoisse l'approche de cette voiture. Elle vient; au son, je reconnais qu'elle passe le petit pont à l'entrée du champ d'aviation, elle stoppe un moment pour se faire ouvrir par le factionnaire; j'entends gémir les portes, puis l'automobile qui embraye en grinçant, tourne vers nos hangars et à toute allure vient vers nous. Elle s'arrête devant la petite porte qui s'ouvre aussitôt, et deux officiers italiens entrent, paraissent surpris de me voir là, avec mes hommes, dans ce hangar éclairé, puis, ayant salué courtoisement, m'annoncent que la guerre est déclarée entre la France et l'Allemagne, et qu'ils ont mission de placer des sentinelles devant les hangars non militaires. Je n'écoute plus; vivement dressé, au milieu de mes hommes surpris, je me jette dans une auto avec C..., et à toute allure, dans la nuit noire, nous partons vers la ville, tandis que les mécaniciens, et même les factionnaires, crient : « Eviva la Francia ! »

Tout de suite, pris dans un élan de vitesse, poussé par un véhément désir d'action et de lutte, j'entre dans le grand vertige, et je m'abandonne au destin formidable.

II

LE CHEMIN DES NUÉES

18 août 1914.

Maintenant, c'est l'aube aigre après une nuit de vent et d'ondées.

De grands nuages se bousculent dans le ciel encore obscur et des rafales passent.

Près du monoplan, maintenu par les sapeurs arc-boutés, le capitaine F..., appuyé sur sa canne, donne ses dernières instructions au pilote. Celui-ci, hier encore, courait, champion fameux, les aérodromes et les meetings ; maintenant il fait son devoir militaire, en toute simplicité ! Bardé, casqué, masqué de cuir, il écoute avec une déférente attention le capitaine qui dit, amical et familier :

— Mon petit, vous allez prendre ce passager et ces dépêches et filer droit au Nord jusqu'à X... La consigne est d'arriver; pas de prouesses en route; si vous êtes « descendu », détruisez tout; si vous échappez, rejoignez X... le plus tôt possible et présentez-vous au général avec votre passager qui transmettra son message verbal.

Puis il nous salue courtoisement, et, nous serrant la main :

— Bonne chance, amis, et faites vite!

Insensiblement, le jour grandit; une grande brise fraîche d'Est nettoie le ciel, un éblouissement jaune et rouge marque la place où va jaillir le soleil.

Tandis que le pilote examine l'appareil, je m'installe à mon poste de passager, le paquet pour le général entre les jambes et une carabine de chaque côté, le long du fuselage.

Nous sommes prêts, l'hélice lancée; le moteur, démuselé, pousse sa clameur héroïque; l'appareil roule en cahotant, puis, insensiblement s'élève. Devant moi, le pilote, lié à son siège, immobile et attentif, règle la montée à petits coups de ses commandes, et déjà s'élargit et se dessine au-dessous de nous notre cher aérodrome avec sa double ligne de hangars, son étang et ses chemins courant au milieu des cultures.

Nous allons droit au Nord, un peu bousculés par cette brise d'Est qui nous prend sous l'aile et nous fait dériver.

Nous allons grand train, fouettés d'air vif et nous montons toujours; au-dessous de nous, c'est notre France crucifiée, mais nous ne voyons pas ses blessures! Seules, de lentes fumées d'incendie, qui traînent dans le Nord-Ouest, à l'extrême horizon, décèlent les plaies saignantes!

Maintenant, c'est la monotonie de la route, dans la grande fraîcheur de l'air vif, au-dessus de la campagne confuse. Le pilote, cramponné à ses commandes, paraît immobile; de temps à autre les grandes rafales d'Est nous secouent et nous jettent hors de notre route...

Subitement, le moteur coupé, on n'entend plus que le ronflement du vent dans les agrès; le monoplan, cabré, s'immobilise presque, et le pilote, tourné vers moi, me montre de petites fumées noires qui courent dans le vent au-dessous de nous; puis il me fait signe d'écouter; mais je n'entends que le sifflement du vent dans les agrès, le bourdonnement de l'hélice et le cliquetis du moteur entraîné. Puis, l'allumage est remis, et la formidable chanson du moteur recommence, couvrant tout.

Les petites fumées se font plus nombreuses et

plus voisines. Nous essayons encore de monter, quand un grand souffle nous couche sur le côté ; prodigieusement prompt, le pilote a redressé, mais aussitôt une nouvelle et plus effroyable secousse nous dresse presque verticalement, et nous perdons de l'altitude ; les éclairs et les fumées peuplent maintenant notre voisinage immédiat et de grands souffles d'air nous bousculent.

Nous fonçons droit devant nous, de toute notre vitesse, au milieu de ce danger ; cramponné au fuselage, j'attends l'inévitable, sans pensée, à bout d'émotivité.

Et puis le calme revient, la zone terrible est franchie ; au-dessous de nous, une forêt immense s'étend, coupée de ravins. C'est dans le calme revenu, alors que nous paraît reconquise la sécurité, que le danger reparaît immédiat et formidable. A peine échappés de la zone infernale nous commençons à pencher sur une aile. Le pilote, à bout de gauchissement, arc-bouté, coupe l'allumage, tourne à demi la tête et me montre des yeux un lambeau de toile déchirée qui flotte au vent sur notre aile gauche.

Avant que j'aie pu réfléchir, la descente vertigineuse commence et s'accélère aussitôt en chute. Avant que j'aie pu reconnaître le sol au-dessous de nous, un atterrissage brutal et cahoté nous met à terre au fond d'une étroite clairière. Seul le pilote pouvait tenter et réussir une telle manœuvre désespérée. Calme, bien que le visage encore crispé d'angoisse, il saute sur le sol en criant : « Prenez les armes pendant que je réparerai ! » et il s'active à coller une pièce sur l'aile endommagée tout en disant : « Vite, vite. Si les Boches arrivent tirez dessus, et puis je foutrai le feu à l'appareil et nous nous sauverons. Vite, vite... » Et pendant que je surveille la clairière, la carabine en main, le pilote continue son travail et répète machinalement : « Vite, vite. » Puis, sans dire autre chose que ces mots, sans cesse répétés, il me fait signe de soulever la queue de l'appareil, s'y attelle lui-même, et nous voilà, pliant sous l'effort, essayant de traîner l'appareil à l'autre bout de la clairière. Ce diable d'homme veut essayer de repartir en vol !

Mais les racines nous accrochent, les pierres menacent de nous faire verser ; accablés, à bout de nerfs, nous allons laisser retomber la queue du monoplan quand le pilote, pâle, contracté et suant, et qui répète comme une obsession : « Vite, vite ! » bondit et met son revolver sous le nez d'un homme fangeux et hérissé que nous n'avions pas vu approcher. Je saute sur une carabine, tandis que l'homme se dandine les mains dans ses poches et, très calme, parle du fond de sa barbe : « Nous sommes d'ici, nous devons guider les nôtres dans les bois. Depuis que les Boches sont là, nous sommes cachés. On va vous donner un coup de main, les autres sont pas loin. » En effet, à son appel, les « autres », pareillement boueux et pareillement hérissés, s'approchent et s'attellent au monoplan. Dans un instant nous sommes à poste et prêts à partir.

L'hélice lancée, souffletée d'air vif, nous partons au geste du pilote ; rudement secoués d'abord, puis volant au ras des bruyères, nous prenons enfin franchement notre essor, mais les arbres de la clairière viennent au-devant de nous vertigineusement et leur hauteur semble grandir à mesure. Cramponné au fuselage, j'attends, désormais incapable d'émoi ! Le pilote, devant moi, est de pierre. Les arbres grandissent ; nous ne passerons pas. Et, subitement, d'un saut presque vertical extraordinairement précis, nous passons l'obstacle, frôlant les hautes branches, puis nous voguons de nouveau sur l'océan des cimes feuillues, tandis que le grand vent sèche la sueur d'agonie qui nous collait les vêtements au corps.

Maintenant nous allons notre route, détendus, presque joyeux, et nous montons toujours. A l'orée des bois, les éclairs et les fumées reparaissent, mais un virage brusque sur une aile nous permet de regagner l'abri de la forêt et de prendre de la hauteur. Quand nous repassons, perdus dans le ciel, les canons ont cessé leur feu, et bientôt après, descendant par degrés, nous retrouvons les lignes françaises et accomplissons en simplicité la tâche ordonnée.

III

EN CHASSE

24 septembre 1914.

... « Ce « cochon » de moteur vibre encore ! »...
Nous sommes autour du biplan posé sur une
prairie déjà rousse, à l'orée d'un bois. Un lourd
midi de fin d'août pèse sur la campagne ; au ras
des chaumes l'air brasille et tremblote, et l'on
devine les grands remous qui bousculent l'atmosphère, au-dessus de la lisière fraîche des grands
bois.

« Le moteur vibre ». Nous sommes là, nous con-
sultant autour du puissant 180 HP qui rayonne
autour du carter ses lourds cylindres casqués de
cuivre rouge. A notre gauche, sous les premiers
arbres, une ébauche de campement aéronautique :
un abri de fortune pour l'appareil — perches et

bâches — une maisonnette pour les sapeurs. Ils s'activent, les sapeurs, et déjà auscultent, démontent, remontent le moteur, au cliquetis des clefs anglaises, au ronflement de l'air dans les cylindres.

Un grand soleil morne darde d'aplomb sur le groupe ; les combinaisons de toile collent aux corps ruisselants, et la chaleur nous chasse vers l'ombre des arbres proches où nous pourrons enfin reposer nos yeux brûlés et nos faces cuites pendant que les mécaniciens, attentifs, achèvent leur labeur précis.

Depuis la prime aube indécise, nous croisons à quelques centaines de mètres d'altitude au-dessus de notre vallée. On nous a ordonné ce labeur sans gloire de sentinelle aérienne pour guetter les aéroplanes ennemis qui vont vers la capitale massacrer des faibles. Notre besogne est fastidieuse comme une garde du dimanche dans une garnison de province, le long d'un boulevard désert. Elle est sans gloire. Sitôt que l'adversaire nous apercevra, il fera demi-tour en toute hâte, nous envoyant à peine une maigre volée de mousqueterie hors de portée et disparaîtra à l'horizon, selon sa norme. Si nous le laissons passer pour le forcer au combat au retour, il aura commis ses **meurtres. Notre labeur est sans gloire ; mais par** tout ce que notre meilleure volonté lui ajoute de possibilités, il n'est pas sans grandeur.

Depuis l'aube, nous retraçons les mêmes orbes ; au matin, c'était une navigation paisible, dans la fraîcheur ; rien qui rappelle la guerre : des champs déserts et des forêts tranquilles ; pas de convois sur les routes ; l'horizon est libre de ces lourdes fumées d'incendie qui marquent la place du Teuton et sont, comme son oriflamme, dans les nuées.

Puis le soleil montant vers le zénith a suscité les remous des heures chaudes. Ils nous balancent et nous bousculent tour à tour ; ils sont lents et berceurs comme une molle houle de beau temps, ou vifs, précis et rageurs, comme une lame aigre et sournoise !

Tantôt l'appareil est soulevé doucement pour retomber tout d'une pièce, d'une lente chute dans un invisible duvet. Tantôt il frémit dans toute sa membrure, d'un mauvais frémissement aryth- mique et heurté, et qui fait souffrir. D'autres fois encore on dirait qu'un invisible génie frappe de grands coups de masse sur les longerons des ailes.

Ces remous rendent la navigation irrégulière et pénible, cahotée et angoissante ; ils augmentent d'heure en heure et ajoutent à la souffrance de la peau brûlée, des yeux secs et enflammés; aussi quand le moteur se met à vibrer, par la faute, croyons-nous, d'un cylindre qui a des ratés, nous commençons à descendre.

A midi nous touchons le sol près de notre station et les sapeurs prennent soin de notre appareil. Nous allons pouvoir goûter un peu de repos après cette fastidieuse matinée, si longue et si vide! Des observateurs, épars sur la route que doit prendre l'ennemi, fouillent l'azur infatigablement.

Son approche, aussitôt décélée, avant même qu'il apparaisse à l'extrême limite de l'horizon, sera le signal de notre essor, dans l'impatience et dans la joie!...

Maintenant c'est l'heure du repos, à l'ombre fraîche, après le repas frugal et rapide; le grand silence accablé des après-midi torrides pèse sur les champs tout vibrants de chaleur; de temps en temps notre moteur, que les mécaniciens essayent, emplit la plaine et le bois de son fracas héroïque — puis le silence retombe — il semble que cette chaleur ne s'apaisera jamais!

Tout à coup, au fond des cieux vides, une rumeur naît, imperceptible, et peu à peu s'enfle en grondement. Soudain dressés, la jumelle en main, nous bondissons vers notre biplan; les sapeurs, jaillis on ne sait d'où, avec une merveilleuse prestesse, nous devancent et déjà s'attellent à l'appareil.

Puis tous crient à la fois : « le voilà ! le voilà ! » Quelques secondes encore pendant que, fiévreusement, nous nous installons à notre poste, puis encore des cris : « C'est un français, c'est un X... » Alors nous prenons le temps de regarder à notre tour. En effet, c'est un monoplan français, une vedette, d'un type léger. Il s'approche et grandit, jeté en avant, d'un grand élan de fuite ! Presque au-dessus de nous, il pique soudain, vire sur place, se rapproche, et laisse tomber un papier blanc qui descend en papillonnant. Puis, nouveau virage acrobatique sur une aile, et le voilà reparti de son allure vertigineuse !

Les sapeurs se sont précipités sur le message venu des airs ; c'est une feuille de papier lestée d'une balle de fusil et portant, d'une grande écriture ferme, ces mots tracés au crayon, hâtivement :

Mon : Taube X^x blindé.

Direct. de S^x, fait route S. S. W.

Alt. 1.000.

Arm^t ? fusils.

Allure rapide, moteur fixe puissant 150 H P ??

Cela est fort clair pour nous : un Taube se jette

sur Paris pour y assassiner et prendre aussitôt la fuite. Enfin voici que nous sont payées par la Providence toutes les heures de lourd ennui des factions stériles.

Nous n'avons pas encore eu le temps de prendre le départ qu'un motocycliste débouche à toute allure d'un chemin sous bois; il vient du téléphone, où il est de garde, pour nous confirmer les renseignements reçus. Dans sa hâte, le petit monoplan avait bien jugé, d'un coup d'œil. Toutes ses indications sont précisées et confirmées par le rapport téléphonique.

Ah! la bonne minute! En route, promptement! Le moteur, démuselé, pousse sa clameur; au signal de mon camarade, agrippé au volant, nous partons, et, d'un grand coup de stabilisateur, nous jaillissons en plein ciel, d'un seul élan.

Maintenant, dominant la scène, à grandes orbes nous parcourons le ciel; vers le Nord, de toute notre attention, nous scrutons l'horizon vide. Rien ne paraît; nous virons de bord, comme un voilier qui change ses amures, et nous coupons et recoupons la route de l'ennemi. Tendu, obstiné, crispé, je serre à me faire mal les commandes de la mitrailleuse, tandis que le pilote, impressionnant de rigidité attentive, est immobile, d'un seul bloc. **Seuls ses yeux, dilatés malgré la grande** lumière, vivent; ses lèvres blanches, aux commissures, rétractées et ce regard lui font une face de férocité froide.

Puis, subitement, avant toute perception de mes sens, à une angoisse douloureuse et joyeuse à la fois, j'ai compris qu'il était là, que le grand jour était venu et que le moment était proche.

Mon pilote l'a vu ; d'un petit geste bref des pieds, appuyé d'un imperceptible gauchissement à la main, nous virons avec une précision émouvante et piquons droit sur lui.

Il n'est encore qu'un point perdu dans le ciel, et nous nous jetons vers lui d'un vol régulier, puissant, irrésistible ; le moteur, derrière nous, sonne une charge héroïque.

Nous volons grand train, droit devant; nous allons l'attaquer ainsi, car sa propre hélice l'empêchera de nous mitrailler ; si nous arrivons dessus sans l'atteindre, d'une brusque plongée nous passerons au-dessous et nous aurons encore quelques dixièmes de seconde pour le tirer ; aussitôt après, nous serons vulnérables à notre tour, exposés à son feu !...

Comment décrire ces minutes, si longues dans leur terrible brièveté, si vides d'événement et si pleines d'angoisse.

Collé à ma mitrailleuse, l'œil au viseur, les

mains rivées aux commandes, figé, anesthésié, attentif et machinal, j'appelle désespérément la proie qui s'avance, avec l'angoise de ne pouvoir faire le petit geste précis qui déchaînera la mitraille.

Oh ! ces secondes éternelles ! Cela ne finira donc pas ?

Si, cela finit, avec une rapidité stupéfiante ; l'ennemi nous a enfin aperçus et s'échappe avec sa manœuvre habituelle de fuite, sa manœuvre de lâche !

Hors de portée, alors que l'on pouvait seulement distinguer la silhouette de son gréement sur le jour clair des lointains, il s'est abaissé subitement, a viré de bord et s'est jeté dans une fuite vertigineuse. Nous nous lançons à ses trousses vainement... et de rage lui envoyons de trop loin des volées de mitraille.

Il faut l'abandonner. Détendus, mous, désespérés, nous rentrons, dans le crépuscule !

IV

L'INEXORABLE ENNEMI

22 septembre 1914.

Toute la nuit, le vent a gémi parmi les ondées froides ; de grandes rafales passaient en hurlant dans le noir. Et maintenant, c'est une aube rose et paisible ! Dans le ciel pâle et comme délavé monte un jaune soleil d'automne.

Devant les hangars, sur l'herbe rase, un petit monoplan tout fin, gracieux et net semble regarder le ciel, déjà cabré, en posture d'escalade !

C'est une vedette rapide, que je dois conduire sur le front, à R..., pour les artilleurs. Beau ciel, bon temps, appareil allège : la navigation sera un plaisir, une véritable promenade de temps de paix.

— Essence, sans contact, crie le sapeur déjà pendu à l'hélice.

Je réponds comme un écho :

— **Essence.**

— Contact, reprend le sapeur, et il donne une vigoureuse impulsion au moteur après que j'ai répondu :

— Contact.

Le moteur tousse, revient brusquement en arrière, puis s'arrête. Alors le sapeur :

— Coupez.

— Coupé.

Puis :

— Contact.

Aussitôt répondu « contact », le moteur part à toute allure, entraînant les soldats arc-boutés. A mon geste, ils lâchent l'appareil. (Je préfère cette vieille méthode des temps héroïques au moderne mais plus aléatoire déclic.)

Trois bonds sur l'herbe, et je m'enlève, presque à l'improviste ; je rétablis un instant, puis je rends la main ; d'un grand élan souple, désinvolte et puissant, nous jaillissons en plein ciel.

Là-haut, c'est la monotonie paisible des navigations en air calme dans ce rayonnement jaune du soleil.

L'appareil, de lui-même, augmente insensiblement son altitude. Un coup d'œil à la carte, un léger mouvement des pieds sur le palonnier pour rectifier la direction, et je vogue ainsi !... Si j'étais poète, je voudrais écrire des vers, dans ces moments heureux, une main négligente au levier, l'autre maniant la plume sur le petit pupitre adossé au capot.

En bas, la campagne déserte se déroule, mais peu à peu elle prend un aspect insolite.

Finie ma quiétude; d'une attention anxieuse j'examine ce changement soudain : le soleil pâle se joue sur les collines, mais les fonds sont emplis, semble-t-il, d'une eau grisâtre et tranquille; des arbres émergent çà et là comme des îlots. Alors je comprends que la brume s'élève et que cette navigation plaisante doit se terminer tout de suite, pour ne point finir dans l'horreur !

Je songe toutefois (en cherchant de l'œil un atterrissage possible) que les nuées, au ras de cette terre gorgée d'eau, seront peut-être dissipées par le soleil, quand il sera plus haut sur l'horizon et que ses rayons jaunes auront pris de la force.

Si cet espoir m'échappe, je vivrai bientôt l'angoissant cauchemar de la brume. Quel homme de l'air qui ne sente, à ce nom formidable, ses moelles se geler !

Sans réflexion, je me jette vers un petit terrain jaunâtre que j'aperçois vaguement à la lisière montante du brouillard. Je pique droit dessus, dans une descente vertigineuse, mais, presque au sol, un dénivellement brusque m'apparaît qui traverse ce terrain comme une écharpe. Un bond me sauve, de justesse, de l'étreinte des arbres voisins, et de nouveau je pique vers un autre terrain qui me paraît être une prairie rase. Au moment de me poser, je reconnais un sol rugueux encombré de souches énormes et de buissons. De nouveau je remonte à grands coups de stabilisateur, mais la brume s'élève et s'épaissit, et quand j'ai enfin traversé cette couche infernale et retrouvé le soleil, je plane sur une mer uniforme, immobile, d'un gris livide.

Et la torturante randonnée commence. Elle commence, l'angoisse de la course à l'abîme, avec la peur physique d'être happé par ces nuées féroces !

En haut, le soleil placide luit dans l'illumination jaune, et c'est terrible, ce calme paisible des choses, cette nature assoupie, alors que nous fonçons, de toute notre vitesse de vertige, vers l'inévitable !

Mieux valent mille fois les volées de mitraille et les grandes bousculades des obus éclatant au voisinage. Au clair soleil, dans la gloire, on voit l'ennemi, et l'on se précipite, ivre de sainte fureur !...

Maintenant nous allons, au ralenti, à travers

l'impalpable sinistre; **un frisson glacé nous te-**
naille les reins!

A grands coups de stabilisateur, comme si je
voulais, à force de mouvement, éloigner de moi
cette agonie, je remonte vers le soleil, au-dessus
de cet enfer.

Je compte mentalement les gouttes d'essence qui
passent au gicleur, qui sont vraiment les gouttes
de mon sang, les minutes, les secondes de ma vie!

De là-haut, rien! Le soleil poudroie sur la mer
des nuées livides. Tout est figé d'immobilité funèbre. Rien n'indique le coup de vent probable,
la trouée miraculeuse dans cette opacité qui me
dérobe la terre.

Le marin, perdu sur l'immensité des eaux, es-
père et attend dans l'inaction qui ménage le corps
et l'âme. Et moi, je dois manœuvrer jusqu'à la
fin, dans l'angoisse!

Les minutes passent... si longues... si vides...
si pleines d'anxiété... l'essence, goutte à goutte
s'épuise... C'est trop long, cette agonie... Quelle
âme de bronze pourrait dompter sa carcasse!

Hagard, à bout d'émoi, machinal et horrifié, je
me replonge dans ce suaire de brume, et je descends...

Je descends, de toute ma vitesse de projectile,
vers la **traîtrise des embûches cachées dans ce**

demi-jour sinistre. Il semble que le soleil ne luira plus jamais !

De temps en temps, machinalement je redresse, je coupe le moteur et j'écoute : rien que les râles du vent dans les agrès et le claquement de mes mâchoires entre-choquées, puis, je replonge, avec un recul désespéré de tout mon corps, suant, le poil hérissé. Comme ce serait facile de marcher droit aux balles, la poitrine offerte, porté et poussé par la clameur héroïque des combats au soleil !

Et puis, subitement, je vois la terre ; d'une promptitude incroyable, je coupe et je cabre, puis je ferme les yeux, cramponné à mes commandes.

Oh ! les siècles d'angoisse ! Les roues touchent, — puis la béquille, — vers quels abîmes me roulent-elles ? A bout de nerfs, je lâche tout pour m'enfouir la tête dans les mains, comme un enfant effrayé. C'est trop long, cette agonie. Quand m'arrêterai-je enfin ? Et pourquoi manœuvrer ? l'obstacle est partout !...

Puis cela est arrivé, comme la disparition subite d'une grande douleur — l'arrêt progressif dans un terrain plat. Détaché, flageolant, je saute sur ce terrain immobile. Au loin gronde le bruit formidable de la bataille. Moi, je dois me jeter sur le sol, embrasser la terre maternelle et remercier Dieu, avec une ferveur d'enfant.

V

LE MALCHANCEUX

7 octobre 1914.

— Si l'on me refait le coup, je me pends à mes plans débordants !...

C'est un soir humide et triste ; le crépuscule brumeux efface les lointains. Un grand biplan vient d'atterrir à petits coups de moteur, comme à tâtons. Notre cher camarade R... vient à nous, balançant son casque à bout de bras. Brave comme un preux, héroïque avec simplicité, mais toujours hilare, spirituel et goguenard, il exagère le comique de sa fureur :

— La prochaine fois, je me pends, je le proclame, c'est juré !

Et comme nous l'invitons à s'expliquer :

— Un instant, je vous prie, que je me réchauffe. J'ai les moelles fripées de froidure et les pieds sans connaissance.

Un tas de chiffons gras arrosés d'essence flambe aussitôt ; un grand halo rougeâtre nous environne et tout disparaît hors de ce rayonnement ; dans le silence impressionnant des champs déserts sous la brume, on n'entend que les cris lointains des sapeurs qui rentrent le biplan et la voix joyeuse de notre ami. Dans la tritesse du crépuscule, à son récit, des rires fusent.

— On dirait qu'un destin jaloux se fait un jeu de m'enlever mes proies les plus *légitimement méritées* ; je me suis promis de « descendre » un *Taube* et je ne puis y parvenir. Pendant ce temps, la fine équipe de X... n'en rate pas un, et bientôt il n'en restera plus pour les autres...

Debout, habillé de rouge par le rayonnement du brasier, la jugulaire de son casque enfilée au bras comme une anse de panier, il ajoute plus bas, sur un ton de confidence comique :

— D'ailleurs, mon observateur est un grand criminel à ce point de vue. Toujours attentif, avec son carnet et son crayon, il ne se tourne que pour me faire signe : « Plus bas ! Plus près ! » comme si la mitraille ne pleuvait pas autour de nous. Quand il a bien tout examiné, tout noté **sur son carnet, il me fait signe de retourner. Le**

tonnerre de Dieu ne le troublerait pas avant!
Moi, je bous quand je vois un Boche voleter dans
le lointain. Avec un petit bâton, je tape sur l'é-
paule de mon observateur et du geste lui montre
l'ennemi et l'invite à sauter dessus. Ah! ouiche,
il fait le signe de chasser une mouche importune
et se remet à son travail. Que voulez-vous faire
avec un pareil criminel?

« Aussi, c'est sans aucun émoi que j'ai entendu le commandant de l'escadrille me dire ce
matin :

« — Mon ami, vous allez ramener votre appareil au centre; il a besoin d'une sérieuse revi-
sion : votre moteur tousse comme un poitrinaire;
vos surfaces ont une courbure genre feuille de
chou (esthétique, certes, mais peu portante), et
vos plans arrière sont troués comme du gruyère
de basse qualité.

« Il avait raison, ce chef. Aussi me suis-je mis
en route, non sans avoir fait le plein d'essence
et embarqué mon fidèle mécano (qui sait comme
pas un chatouiller le fusil-mitrailleur IIO). Et je
file, d'un air sage et tranquille, à la papa. Je
n'étais pas à deux cents mètres de hauteur que
j'aperçois mon observateur galopant sur le champ,
de tous côtés, à la recherche d'une autre victime!

« Sitôt hors de vue, au lieu de mettre directement le cap vers ici, je fais un petit crochet, du côté où il y a du Boche, ce que voyant, mon mécano se tape les cuisses et se tortille d'enthousiasme, le bougre !

« Pendant longtemps nous allons cahin-caha, sans rien voir. Enfin, je commençais à désespérer quand mon mécano me montre un petit point, à l'extrême horizon, qui paraissait faire route perpendiculairement à notre direction. »

Subitement attentifs, nous entourons le conteur de plus près. Sa voix perd peu à peu toute résonance ironique ou moqueuse, en dépit de lui-même, et devient grave.

Malgré que nous vivions presque quotidiennement ce drame, nous écoutons, angoissés, autour du brasier qui s'éteint, cette voix dans le crépuscule sinistre.

« — Nous courons dessus ; lui continue sa route, comme s'il ne nous avait pas vus ; bientôt nous pouvons le reconnaître ; c'est bien un Allemand, un gros monoplan blindé. Il va plus vite que nous et ne paraît pas s'inquiéter. Moi, je manœuvre à lui couper la retraite. Je suis absolument calme et mon sapeur aussi. A petits coups du pointeau, je règle la carburation. Lui va toujours son chemin ; maintenant il est passé à ma droite, je dois obliquer. Il compte évidemment sur sa vitesse pour échapper. Lancé à ses trousses, je prends la chasse. Et cela dure !

« Puis, subitement, il change de route, pique pour prendre de la vitesse et vire à angle droit, vers le Nord. Je fais immédiatement la même manœuvre. A peine la poursuite est-elle entamée, sur une route parallèle, qu'il fait demi-tour, avec une vivacité étonnante, et part à toute allure pour recouper le chemin déjà parcouru, vers mon arrière. Il semble affolé, pique de nouveau, et change encore de route, en appuyant vers l'Ouest. Je manœuvre toujours à le prendre de flanc, mais je perds du temps, car il est extraordinairement prompt dans ses évolutions.

« Et subitement (ah mes amis, quel coup au cœur !) je vois et je comprends !

« Le *Taube* fuit affolé devant un de nos biplans qui l'attaque de côté, vertigineux, direct, implacable !

« Cela n'a pas été long. Pendant que je crevais de rage et d'impuissance dans mon appareil trop lent, incapable d'intervenir, en cas de besoin, pour aider mon camarade, j'ai vu le Prussien faire une embardée terrible, se redresser, glisser sur une aile, se rattraper encore, et enfin venir en bas.

« Et cela a duré quelques secondes, mais

quelles secondes ! Le Français arrivait presque
sur l'autre, de quelle allure de vertige ! mais
c'est la fin. Le Prussien tombe dans un pli boisé
et tout de suite explose et brûle. Pas d'atterrissage possible au voisinage du vaincu — d'ailleurs
le jour baisse. Je m'éloigne en hâte. (Le vain-
queur a déjà presque disparu au ras des arbres.
Il doit avoir son gîte par là.)

« Je suis content tout de même et mon sapeur
trépigne d'une joie sauvage. Mais j'aurais préféré
opérer moi-même, j'aurais couru j'usqu'à la nuit
s'il avait fallu. Je l'aurais eu... »

Changeant subitement de ton, il reprend de
son grand air de fureur comique, pour crier :

« — C'est, je suis sûr, cet incendiaire de F. N.
qui m'a fait le coup. Il a disparu aussitôt, le ban-
dit, redoutant ma juste colère ! Mais vous voilà
avertis : la première fois que je rate encore un
Boche, je... je déserte et je me fais naturaliser
Patagon ! »

VI

DU COTÉ DE NOS FRÈRES D'ARMES

Octobre 1914.

« Mon frère très affectionné,

« Laisse-moi te donner ce nom, car maintenant à notre vieille confraternité aviatique s'ajoute la parenté sublime du sang versé pour la même cause. Je ne puis me rappeler sans une douce émotion nos débuts, alors que nous labourions consciencieusement le terrain d'Issy avec ton grand diable de biplan, si grand, si large, si haut ! Mais je n'ai pas le cœur, aujourd'hui, de rire avec toi de ces temps bénis. Je dois te parler de notre N... Tu pleureras, certes, mais tu seras transporté d'enthousiasme quand tu sauras comment il est mort. Toi et les tiens, vous ne voudrez plus connaître le repos avant de l'avoir vengé.

« Donc, vers le commencement d'août, nous

étions tranquillement au centre de notre escadrille, du côté de Kiew, quand les événements se
précipitèrent. A peine voyions-nous la guerre
inévitable que nous apprenons coup sur coup l'in-
vasion de la Belgique et la marche d'une forte
armée autrichienne vers notre territoire.

« Sans attendre les renforts, nous sommes partis vers le front, un beau matin de soleil, avec
toute l'escadrille des Nieuport.

« Nos soldats nous voient arriver avec une joie
délirante. Pour ces simples, nous apportons la
victoire sous nos grandes ailes. Ils espèrent aussi,
de notre présence, un soulagement à leurs travaux, qui sont vraiment effroyables. Trop peu
nombreux pour arrêter la ruée des Austro-Hon-
grois, ils doivent reculer pas à pas devant leur
poussée continue ; toujours en alerte, mal nour-
ris, sans sommeil, mais sublimes de ténacité, ils
nous inspirent aussitôt l'ardent désir de les aider,
la volonté sauvage de nous jeter, en furie, sur
l'ennemi et de le détruire.

« Un autre noble sentiment nous pousse en
avant, inspiré par un ordre de notre empereur
très vénéré qui disait :

« — ...Vous ne devez compter maintenant que
« sur vos armes, le moment de tous les sacrifices
« est arrivé ! La chère France, qui subit le plus

« formidable assaut de tous les temps, nos frères
« Français qui ont si noblement pris leur part
« de la sainte tâche attendent de nous les der-
« niers sacrifices. »

« Et je te jure bien, frère, que le désir de vous
aider nous soulève de frénésie guerrière, autant
que le souci de notre propre patrie !

« Donc, dès la pointe du petit matin bleu, le
lendemain, nous nous sommes embrassés avant
de prendre l'atmosphère, et nous sommes partis
chacun vers nos missions respectives. Notre labeur
fut efficace et la retraite arrêtée du coup. Mais
le soir, à l'atterrissage crépusculaire, quatre des
six Nieuport rallièrent seuls le quartier général.

« Nous n'avons jamais su comment sont morts
nos frères, emportés par la plus impétueuse té-
mérité au centre de la tempête de fer et de feu !

« Le lendemain, nous fîmes un tel travail de
reconnaissances, de lancement de bombes et de
réglage du tir de l'artillerie, que notre petite armée put se maintenir sur ses positions et faire un
mal énorme à l'envahisseur. Mais le soir, dans
la nue sanglante qui couvrait le champ de bataille, on vit une escadrille d'avions autrichiens
qui planait.

« Nous avons compris alors que l'aube prochaine verrait de grandes choses ! Pour la pre-

mière fois, dans quelques heures, les hommes de l'air allaient être aux prises, pour un combat sans merci.

« Je ne puis me rappeler ces choses, frère, sans que mon cœur bondisse et, maintenant que cela est passé, je crois défaillir d'angoisse, moi, qui n'ai pas bronché dans la tourmente !

« Ah ! cette nuit et cette aurore !... A peine l'Orient blanchit-il que nous prenons l'atmosphère, tous les quatre.

« L'aube, encore indécise, est voilée de brumes. Nous sommes déjà sur les lignes autrichiennes. Nous recevons sans avarie des volées de mitraille. Nous ripostons à coup de bombes et de grenades ; puis (ah ! frère, ce moment immense !) nous voyons sortir du brouillard successivement les six appareils autrichiens.

« Nous avons l'avantage de l'altitude ; d'un seul élan nous fonçons dessus et nous lançons nos bombes : un Autrichien explose et tombe, mais deux des nôtres, frappés de balles, descendent vertigineusement vers nos lignes.

« N... et moi restons. Demi-tour brusque et nous revenons sur l'ennemi qui cherche à fuir pour gagner de la hauteur. Au moment de le dépasser nouvelle bordée de bombes, deux Autrichiens quittent le combat ; l'un d'eux tombe, mais j'ai reçu une balle dans mon réservoir et je dois regagner notre atterrissage en toute hâte, avec la terrible anxiété d'arriver trop tard et que toute cette benzine répandue ne prenne feu, en l'air!

« Mon observateur, tourné vers l'arrière, épaule sa carabine pour protéger notre retraite : N..., à grande hauteur, a disparu dans le rayonnement du soleil, à l'Ouest; deux des ennemis ont abandonné la lutte et descendent en orbes lentes. Seul un grand monoplan de forme allemande nous donne la chasse. Il fonce résolument vers nous en essayant de monter; il va d'une allure impressionnante, et gagne du chemin. La benzine fuit toujours, le moindre retour de flamme nous serait fatal. Et pendant ce temps, implacable et direct, l'Allemand se rapproche. Il est blindé. Trois aviateurs sont à bord. Ils paraissent manœuvrer une longue mitrailleuse. Mon camarade commence le feu. L'autre ne répond pas encore, gêné par sa propre hélice à l'avant et le flamboiement du soleil. Maintenant à notre hauteur. Derrière moi le tir de notre carabine s'accélère. Je n'ose pas activer le moteur. Que c'est long! Seigneur, que c'est long!! L'autre nous gagne sur le flanc, à droite. Il va tirer. A tout hasard je pique désespérément.

« Mon camarade tire avec une vitesse prodigieuse, puis s'arrête subitement et me frappe en me montrant le ciel au-dessus de l'Allemand, qui ne tire pas encore. Ah! frère, comment trouver des mots pour te raconter ces choses, à la fois assez rapides et assez impressionnants! Mon récit traîne, impuissant à décrire la réalité formidable et brève.

« Au-dessus de l'Allemand, N... vole, implacable, et suit tous ses mouvements en lui jetant des grenades. Mais l'autre se défend par un tir vertical, et j'aurais voulu crier : « Assez! Va-t-en, abandonne-moi! » Et je ne savais que pleurer et prier, machinalement, anéanti de crainte et d'admiration.

« Alors, frère, j'ai vu cela, et jusqu'à ma mort j'en resterai horrifié. N..., ne pouvant venir à bout de l'Allemand, a piqué brusquement, lui coupant la route, et, avant que l'autre eût pu manœuvrer pour éviter le coup de bélier, il l'atteignait...

« Alors, enflammés, enchevêtrés, broyés, ils sont venus au sol.

« Hagard, désespéré, je n'ai jamais pu savoir comment j'ai atterri, peu après.

« Que te dire de plus, mon frère très affectionné? Ma vue est brouillée de larmes et mon cœur tellement serré! »

VII

LE COMBAT AU SOL

10 octobre 1914.

Nous naviguons péniblement au milieu des nuées grises. Quelquefois un coup de vent les déchire, laissant voir un soleil terne ; bientôt après nous replongeons dans cet infini brumeux : alors une lueur de sépulcre nous entoure et nous fonçons en aveugles dans cet inconnu sinistre.

Deux fois déjà, descendus à six cents mètres pour reconnaître le terrain, nous avons dû remonter en hâte, poursuivis par les obus et les balles.

La navigation devient de plus en plus dure ; tantôt de grandes rafales nous bousculent ; le gouvernail est impuissant à nous redresser, et il faut actionner le gauchissement ; tantôt une pluie glacée nous fouette rageusement.

Au jugé, sur la foi de la seule boussole, sans aucun indice pour apprécier la dérive, nous mettons le cap vers notre point d'atterrisage.

Nous allons grand train, dans ce chaos de brumes grises, cinglés par les gouttes d'eau des gros nuages prêts à crever. Peu à peu, prudemment, les yeux à l'altimètre, nous descendons. De temps en temps, l'allumage coupé, nous écoutons, nous efforçant de saisir un écho de la rumeur formidable répercutée par ce couvert de nuages ; rien, que les gémissements du vent dans les agrès et le cliquetis du moteur !

Dans une éclaircie, le sol apparaît enfin. Tout est calme et désert ; des forêts, des cultures, des ravins boisés se succèdent. L'horizon, sous le vent, est libre de fumées. Nous descendons encore ; une voie ferrée court dans la campagne. Il faut atterrir pour nous repérer.

Nous allons ainsi, cherchant un terrain propice, prêts à remonter dans les nuages si la bataille est trop proche.

L'atterrissage sera dur, mais nous ne saurions, sans péril, continuer cette course à l'aventure, et, bousculés, cramponnés, fatigués des muscles et des nerfs, nous cherchons des yeux, le long de cette interminable voie ferrée, un sol dénudé **pour descendre.**

*
* *

Près d'une bifurcation, quelques maisonnettes ;
dans l'angle des voies, une belle prairie libre : en
dix secondes, d'un vol direct, nous sommes dessus ; à l'instant précis où je vais redresser, une
rafale nous soulève et nous laisse retomber d'un
seul bloc, avant que j'aie pu remettre le moteur
en route ; nous venons au sol brutalement, l'hélice vole en éclats, et nous nous arrêtons, après
une brusque volte-face, presque couchés sur une
aile.

Tout cela a été si brutal dans sa rapidité, que
nous restons là, hébétés, étourdis, la tête vide et
le cœur soulevé. Des maisonnettes, accourent des
paysans et des soldats ; nous quittons nos sièges,
encore flageolants de vertige. L'appareil a peu
souffert, mais ne peut reprendre son vol à cause
des roues écrasées et de l'hélice rompue. Il faut
téléphoner au centre et attendre notre convoyeur.
En quelques instants, nous poussons le biplan
sous des arbres voisins pour le soustraire aux
vues de l'ennemi.

Maintenant, c'est presque le crépuscule après
cette journée de brumes et d'ondées.

Et, subitement, le ronflement d'un moteur

court dans les nuées; d'abord vague, il s'affirme peu à peu, et nous reconnaissons le souffle puissant et saccadé d'un moteur fixe. Mais rien encore n'apparaît sous les nuages. Nous nous sommes mis en observation près des maisonnettes; le poste des soldats est dissimulé sous les arbres, attentif.

Puis, subitement, l'avion apparaît derrière nous, faisant route à l'Est. C'est bien un allemand. Il sort des nuages et va d'un vol puissant et régulier. Son envergure paraît immense, et il donne une grande impression de force pesante.

Il doit s'être, comme nous, perdu dans les nuées, car il hésite sur sa route et se rapproche du sol insensiblement; il va nous dépasser, mais hors de portée, quand il fait subitement par le flanc, à droite, et continue sa descente avec prudence, au ralenti, traçant de larges orbes lentes.

J'ai pris le fusil d'un soldat et je dois donner le signal du feu de salve, en tirant le premier.

Comme c'est long, cette attente angoissée, avec ces alternatives d'avance et de recul de la proie !

*
* *

Enfin le voilà qui s'approche; il vient, il vient **plus près; il est à portée. Feu ! La salve résonne** à mes oreilles comme un tonnerre, puis le cliquetis des armes rechargées, et, très vite, un autre tonnerre. L'avion a eu, semble-t-il, un sursaut de surprise épouvantée, et aussitôt le moteur accéléré part à toute allure. Une troisième salve éclate. Alors cela est très rapide : l'allemand vient en grand sur une aile, en glissade, puis redresse; l'hélice vole en éclats et l'appareil cabré paraît presque s'immobiliser. Il pique enfin et vient au sol, vertigineusement, rétablissant à grands coups d'ailerons un équilibre chancelant. Au ras de terre, il redresse, passant devant nous. Personne ne tire plus. Ils sont trois à bord; celui qui est derrière, affalé, paraît mort. Ils sont passés, dans leur course à la mort, et j'ai malgré moi le cœur amolli de pitié devant ce sang-froid du pilote et cette défense désespérée. Puis, très vite, c'est la fin. L'avion venu au sol capote et s'enflamme avec un grand bruit mou. Encore quelques secondes, et ses projectiles éclatent à leur tour, dans un fracas d'artillerie...

Quand nous arrivons auprès des vaincus, il ne reste que la carcasse de l'appareil; des têtes carbonisées fument dans les casques brûlants...

VIII

CHEZ LES NOIRS

20 octobre 1914.

L'ordre est simple ; sa réalisation facile. Mais qui peut se vanter de dépister le déterminisme fantasque du Destin, embusqué au tournant des heures ?

Déjà, dès avant le départ, s'amorce la série des petits faits qui, s'enchaînant et croissant d'importance, conduiront au dénouement.

Nous sommes là, par cette journée blafarde, piétinant dans la boue de cet aérodrome suburbain.

Les réceptionnaires donnent des ultimes soins à cet aéroplane que nous devons conduire à R..., où se concentrent des troupes.

Et cela n'en finit point de régler la cellule ou de mollir les commandes trop dures, ou de tâtonner après le point précis du meilleur allumage.

Le retard s'accentue et les heures passent, si lentes dans l'hostilité de cette mauvaise journée d'automne.

Enfin l'appareil est prêt; nous prenons le départ, en hâte. Au fracas du moteur, subitement déchaîné, nous courons parmi le jaillissement d'eau des flaques que nous traversons, à toute vitesse. Puis, très vite, d'un petit coup de la « profondeur », c'est le décollage et la montée...

Maintenant nous allons grand dans la vivacité de l'air gris et froid.

De grands remous réguliers comme une houle nous balancent sans brutalité.

Au-dessous, vers notre droite, Paris s'étale jusqu'à l'horizon. Quelque chose est changé dans son aspect, depuis la guerre. De là-haut il donne comme une impression de calme recueilli. Est-ce par la disparition du dôme de fumées, de l'atmosphère vibrante et poussiéreuse qui prolongeait autrefois son activité jusque dans le ciel?

Cette transparence inusitée, ce calme insolite nous permettent un repérage précis, et cependant tout autour de nous, vers le Sud et l'Ouest, roulent de grandes masses de vapeur, brassées et poussées en avant par le suroît. Par contraste, Paris et son horizon dégagé paraissent plus clairs **et plus limpides. Et nous allons ainsi, face à** l'Ouest, vers ces nuées lourdes, forçant notre allure de vertige, talonnés par la crainte de la nuit prochaine.

Et subitement, sans aucune transition crépusculaire, il semble que nous venons de plonger dans cette nuit inexorable. Une opacité froide nous environne et une humidité glaciale : nous venons de nous engloutir dans les premières vagues de cette houle de vapeurs que le suroît jette en travers de notre route.

Et nous allons ainsi — avec des alternatives de clarté diffuse et d'obscurité sinistre. Bientôt les éclaircies se font plus rares et le demi-jour plus funèbre ! De grandes rafales nous bousculent et la dérive nous jette hors du droit chemin. Bientôt nous ne retrouvons plus, pendant les éclaircies fugaces, le cours du fleuve qui jalonne notre route ! La dérive, sous la poussée furieuse du suroît, nous a désorientés. Nous sommes égarés.

Que faire ? Le crépuscule de cette journée d'automne va commencer, ajoutant sa tristesse à ces tristesses, son hostilité à notre angoisse !

D'une descente désespérée nous crevons la voûte des nuées, et maintenant nous naviguons, au ras du sol, à petite vitesse. Nous ne reconnaissons pas le pays ; au creux des vallées de grands appels d'air nous aspirent, et sur les sommets il y a comme un ressac qui nous secoue durement. Le crépuscule s'épaissit; bientôt nous ne distinguerons plus les obstacles semés sur ce sol inconnu. Il faut descendre. Vers le Nord, une grande horizontalité verte s'étale, uniforme. En quelques secondes, notre moteur, démuselé, nous y projette d'un seul élan. D'un côté, c'est un marécage immense, et de l'autre, une prairie rase. Entre les deux court une chaussée sur les bords de laquelle s'égrènent quelques maisons.

En quelques secondes, l'atterrissage est choisi, repéré, accompli. En roulant, je manœuvre à rallier la lisière des grandes prairies, vers les maisons, quand apparaissent subitement quatre géants nègres, à cinquante mètres en avant. L'un m'intime l'ordre de stopper — à grands gestes; les autres épaulent leurs fusils dans ma direction. Il y a méprise, mais il faut obéir.

A portée, je reconnais quatre tirailleurs revenant de quelque corvée, avec leurs fardeaux.

Le caporal, en avant de ses hommes toujours menaçants, bredouille très vite les formules du « Qui vive ! » puis s'écrie :

— Toi y en a descendre et lever les mains.

Voyant mon noir buté, j'obéis, tout en protestant, **mais cela ne l'émeut pas.**

— Si y en a pas juste, toi y en a clamer à capitaine commandant compagnie. Viens !

Deux hommes sont postés en sentinelle autour de l'appareil : l'un examine tout sans manifester aucune impression; l'autre rit à bouche perdue et à petits gloussements, sans répit, tellement que le caporal Moriba Koulibali (j'apprends son nom à l'instant) craignant que cette tenue, si contraire à la dignité impassible des tirailleurs, ne m'impressionne défavorablement, dit, sévère :

— Mosa Keita, ça y en n'a service. Toi gagner punition.

Et se tournant vers moi, pour détruire la mauvaise opinion que cet incident pourrait me donner des tirailleurs noirs, le coporal ajoute, en toute simplicité :

— Lui y en a couillon beaucoup.

Et je m'en vais ainsi, entre mes gardes, vers les maisons où nous trouverons le capitaine. En route, je tâche de convaincre Moriba que je suis Français; je lui dis même les quatre mots de bambara que j'ai appris jadis, de Podor à Bammako, et je le félicite même d'appartenir à la noble parenté du lion. Mais cela ne peut le convaincre absolument. Il a dû être trompé par quelque espion, car il me répond, têtu, fermé et **méfiant**

— N'Allemand y a connaître beaucoup ma-
nières pour embêter tirailleur.

Et la conversation s'achève ainsi. D'ailleurs
voici venir le capitaine, au milieu d'un groupe.
Nous allons vers lui.

Rien de tragique dans la placidité de ce crépuscule, et pourtant le hameau qui s'allonge au bord
de la chaussée est en ruines, et des risées d'un
vent douceâtre promènent dans l'espace la rumeur
formidable de la bataille.

Le capitaine vient vers nous ; ses noirs déban-
dés et sans armes l'entourent, comme en temps
de paix, pendant les loisirs du cantonnement. Et
cela donne, avec le calme des choses, dans ce
soir adouci, une grande impression de sécurité et
de repos.

Il a reconnu un aéroplane français et s'avance,
la main tendue, riant d'un bon rire cordial :

— C'est encore Moriba Koulibali ! Depuis qu'il
s'est laissé prendre aux paroles subtiles d'un
pseudo-officier anglais, il n'est plus approchable.
Je vis dans la crainte de le voir quelque jour
m'amener le généralissime entre quatre tirailleurs, baïonnette au canon !

Tout en riant de bon cœur à cette évocation
saugrenue, nous revenons vers le biplan, devan-

cés par les tirailleurs qui courent, gambadent et se bousculent pour mieux voir l'extraordinaire machine.

Il y a là plusieurs races de nègres très différentes physiquement ; ils n'ont de commun que leur uniforme puérilité mentale, encore s'exprime-t-elle avec une grande diversité : le Yoloff, drapé dans son impassibilité musulmane, observe en silence ; le Bambara et le Haoussa font déjà moins bonne contenance, ils se maîtrisent cependant et tendent à imiter la froide dignité du Yoloff. Mais les Malinkés, les gens du Raoulé ou des Rivières du Sud se livrent aux manifestations les plus désordonnées. Accroupis, ils font subitement un saut périlleux et retombent à quatre pattes, ou bien sautent d'un pied sur l'autre en se frappant les cuisses. Et chacun fait un long discours, à tue-tête ; tous crient à la fois, aucun n'écoute.

En deux mots, le capitaine me décrit le pays ; impossible d'évacuer le biplan par la route. Il faudra demain matin, dès la prime aurore, reprendre la voie des airs. En attendant, un maigre bouquet d'arbres nous servira à dissimuler notre appareil, qui fait tache sur l'uniformité de cette prairie et attire l'œil de loin.

Puis nous rentrons au cantonnement. Dans les

maisons en ruines, les tirailleurs noirs ont improvisé leurs logis; pourtant rien ne décèle leur présence parmi ces décombres.

La nuit vient humide et froide, tandis que nous visitons les tranchées, derrière la route. Par intervalles la grande rumeur sourde de la bataille nous arrive, portée par le vent nocturne : c'est comme un grondement confus fait de vibrations lentes, un frémissement presque pas sonore, à force d'être bas et grave, un gémissement de la terre. Cela remplit l'espace, vient de partout et de nulle part !

Parfois un obus égaré passe au loin; malgré la distance on perçoit son cri aigre et sibilant, tellement sinistre qu'il fait involontairement frissonner.

Maintenant, nous retournons vers les maisons où le repas nous attend. Il y a là de la lumière, une table servie et même du feu dans l'âtre ! Tout cela est si bien caché, enfoui, calfeutré, qu'aucun rayon égaré, aucune fumée furtive ne décèlent la vie au milieu de ces ruines.

Et quelle bonne impression de bien-être, de chaleur et de sécurité autour de cette table, dans la lumière jaune des bougies ! Le tirailleur familier nous sert avec son zèle maladroit de géant bonasse et dévoué. Il n'a pas vu l'ennemi, malgré tous ses efforts, nous explique-t-il ; mais il sait qu'il est très nombreux, ce qu'il exprime en disant : « N'y a n'a sauvages beaucoup ! » Et cela nous ramène par la pensée aux soirs de bivouac de la colonne de Kong. Pour exprimer la même pensée un autre tirailleur, tout semblable à celui-là, disait : « N'y a n'hommes beaucoup ! »

Maintenant, c'est la pleine nuit ; un grand silence plane sur la plaine tragique, seulement déchiré à de longs intervalles par le gémissement du vent dans les ruines et la rumeur basse, grave et lente de la bataille lointaine.

Accroupis sur des caisses, autour du feu, nous glissons peu à peu au sommeil. Subitement, le martèlement sec d'une fusillade, intermittente et clairsemée, éclate dans la nuit proche. Je sursaute, mais le capitaine, enveloppé dans ses couvertures, ouvre un œil et de la main me fait signe de me rendormir. Cela n'est rien ; plusieurs kilomètres de terrain gardé par des sentinelles doubles, grand'gardes, petits postes et patrouilles nous garantissent contre l'infiltration et l'attaque sournoise de l'ennemi. En effet, la fusillade cesse presque aussitôt et nous retombons dans le sommeil.

Les heures passent. De temps en temps apparaît, **dans le pâle rougeoiment du foyer, la** haute silhouette d'un sous-officier, blanc ou noir, qui vient rendre compte au capitaine, après chaque relève, des incidents de la veillée. Puis tout retombe dans le silence. Seul, le vent gémit dans les ruines.

Les heures passent. Dehors c'est la nuit d'automne, sans aucun rayon, ouatée de brume.

Et soudain, un long déchirement traverse l'espace noir, une déflagration formidable lui fait suite aussitôt.

Le capitaine lève la tête et se met à rire, me disant :

— Les Boches donnent dans le panneau, comme toutes les nuits. Nous en avons pour jusqu'à l'aube de cette musique. Rendormons-nous paisiblement, car, par mes soins, ces bons Prussiens bombardent un innocent marécage. Demain, j'enverrai ramasser pour le déjeuner les brochets tués par les explosions.

Et, toujours riant, le capitaine m'explique son stratagème. Puis il fait comme il a dit et s'endort d'un sommeil d'enfant, tandis que je tressaute et m'énerve au bruit exaspérant de cette canonnade.

— Hé ! l'aviateur ! Réveillez-vous, mon cher ! Hardi, mon fils ! Il faisait la fine oreille à la canonnade, cette nuit, et maintenant le tonnerre de Dieu ne le réveillerait pas !

J'entends confusément le bon capitaine des tirailleurs s'exclamer ainsi, cordial et familier. D'un effort vif, jailli sur mes pieds, encore vacillant d'ankylose et de sommeil, je reprends brutalement conscience des réalités.

Il est encore nuit noire, un vacarme d'artillerie et de mousqueterie, emplit l'espace. (Comment ai-je pu dormir au sein de cette tempête?) La lueur indécise du foyer mourant décèle à peine des silhouettes confuses ; équipés, armés, parés pour le combat, le capitaine, ses lieutenants et quelques sous-officiers blancs attendent mon réveil. Confus, je me secoue et m'habille en hâte, tandis que le capitaine, bonhomme et paternel, m'explique :

— Ça, c'est le réveil en fanfare ! Vous avez fait un sérieux roupillon. Nous avons attendu la dernière minute avant de vous réveiller. Maintenant il faut se diriger vivement vers les tranchées, non sans avoir pris un café soigné, avec une goutte de riquiqui.

Instinctivement, je tourne les yeux vers l'âtre pour voir si ce café est, suivant la tradition, fait à la bonne méthode soudanaise, c'est-à-dire coulé dans un mouchoir sale. A mon geste, tout le monde se met à rire.

Cette simplicité, au matin d'un combat, ce langage badin, jusqu'à cet air bonasse que prend le capitaine, en dépit de sa belle allure virile et militaire, tout cela n'est pas sans grandeur.

J'ai déjà assisté, dans cette guerre infernale, à de dures victoires de la volonté sur l'instinct, et les traces de la lutte étaient visibles sur les faces crispées, suantes, au poil hérissé ; cela non plus n'était pas sans grandeur. Mais combien plus beau est l'héroïsme simple de ce chef, qui s'applique à conserver, en ce matin de bataille, un ton dégagé et plaisant, sans rien de forcé !

Et cependant la tempête de bruit se rapproche ; il faut quitter ce gîte dans les décombres ; tandis que nous nous glissons dehors, la tête de Mahmadou Kamara, sergent, apparaît au soupirail, venant rendre compte au capitaine de la bonne exécution de ses ordres. Les échelons d'avant ont rallié ; l'ennemi est à quatre kilomètres et il s'avance, en nombre. Le capitaine, se tournant vers nous, dit en toute simplicité :

— Messieurs, allons occuper nos places ; l'aviateur sera des nôtres, puisque les Prussiens seront sur nous avant l'aube ; laissons l'appareil sous son couvert d'arbres, puisque nous ne pouvons pas l'emmener derrière les retranchements.

A ma prière, cependant, il consent à me donner

quelques hommes pour compléter autant que possible le rideau de verdure qui doit dissimuler mon appareil.

Et nous allons. Dehors c'est encore la nuit noire; les éclairs de l'artillerie la déchirent soudain. La chanson sinistre des obus recommence. Par instants, il s'y mêle le froufrou plus grêle des balles; c'est comme un essaim bourdonnant, avec parfois des sibilances aigres. Nous avançons dans l'espace découvert, devant les maisons. Mes tirailleurs, très calmes, presque nonchalants, marchent sans bruit, à la file indienne. D'ailleurs, je ne sais pourquoi cette grêle de projectiles n'est pas impressionnante; c'est trop étendu, trop lointain; il semble que la nuit nous protège contre tout danger. Et pourtant, de temps en temps un « floc » mou nous avertit que des balles frappent dans notre immédiat voisinage.

Nous allons; bientôt, à la lueur diffuse des éclairs, nous apercevons le boqueteau et mon biplan. Là je prends une conscience nouvelle du danger, car des balles pleuvent dans les branches. Il faut se hâter. Tranquilles, mes noirs s'attellent à l'appareil que nous traînons dans un petit pli de terrain, tout contre le talus de la chaussée et ses clôtures de fils de fer barbelés. Les noirs ont tiré le coupe-coupe de leur barda et très rapidement est construit un abatis de branches qui cache l'appareil.

Notre tâche terminée, nous repartons vers les retranchements; il est temps : les obus, à force de tâtonner dans l'obscurité, s'approchent, inexorablement, et les balles, plus serrées, s'abattent en rafales. Dans le formidable concert des déflagrations, on peut déjà distinguer le martèlement saccadé des mitrailleuses. L'attaque se dessine.

Dans l'opacité striée d'éclairs, nous allons en files vers un petit égout qui passe sous la route. C'est là notre passage pour gagner les tranchées. Le capitaine, impatient, nous attend au débouché de ce conduit voûté.

Aussitôt engagés dans ce boyau, nous n'entendons plus le sifflement des projectiles. Seul le tremblement du sol nous indique que la tourmente continue là-haut; aussi soudainement qu'il s'est éteint, le bruit nous rattrape dès l'issue du souterrain.

Maintenant nous sommes dans les tranchées. Les hommes, paisibles, sont assis ou couchés, quelques-uns dorment encore, accroupis au fond des trous — et nous allons ainsi, le capitaine et moi, vers un réduit central où je me tiendrai à ses côtés. De temps en temps, il faut nous couler sous les pare-éclats; la tranchée devient alors un étroit boyau souterrain, puis nous recommençons à cheminer.

Au-dessus de nos têtes le bruit infernal s'enfle ; il semble que les projectiles, disséminés comme à l'aventure, resserrent leurs trajectoires et se condensent en masses serrées. Parfois, les éclatements sont si voisins et si rapides que la plaine est illuminée d'éclairs blancs ou rouges.

Nous allons sous cette pluie effroyable, et déjà tellement rassurés par le peu d'effet meurtrier de cette débauche de bombes que l'émotion première s'est évanouie ; seul le bruit méchant des balles, quand il résonne trop près de nos oreilles, nous fait instinctivement saluer, en rentrant la tête dans les épaules. Alors le capitaine, roulant des yeux effarés, singe notre mouvement instinctif et se met à rire, joyeux, bonasse et tranquille.

Maintenant nous arrivons au réduit. Le bombardement continue, monotone et régulier. Mais quelques coups ont porté et déjà, par des fossés et des chemins creux, on emporte vers l'arrière les premiers noirs abattus par la mitraille.

Peu à peu, il semble que le flot disséminé et comme incertain des projectiles devient plus dense et d'un cours plus précis. De minute en minute les tirailleurs de pointe se replient, les uns passent par le petit égout sous la route, les autres viennent on ne sait d'où, ni par où. Sans que rien ait pu faire deviner le cheminement d'un homme parmi les herbes rases, on voit un fusil tomber dans la tranchée, une tête enfouie jusqu'au cou dans une chéchia se montre, puis enfin un grand corps déboule.

Vers l'Ouest, à l'extrême horizon, des incendies déroulent leurs fumées et l'illumination des feux d'artillerie se fait plus intense ; l'esprit et les sens sont fixés d'une façon machinale sur les plus grandes lueurs et sur les bruits les plus formidables ; puis l'attention, un instant détournée, se reporte vers les incidents plus minimes de l'entourage immédiat. Incessamment, l'évacuation des morts et des blessés vers l'arrière continue, mais on ne pense pas à établir un rapport entre cette fantasmagorie de bruit et de lumière et ces victimes. On vit dans ce fracas, sans pensée, mais sans angoisse.

Et, subitement, c'est l'aube. Tandis que l'attention est captivée par la formidable tempête qui sévit en avant, l'aurore tranquille se dégage des brumes de l'Orient. Dans la paisible solitude des marais, on est à ce point absorbé par l'aspect tragique des choses, en avant, que ce petit jour bleuâtre surprend comme une chose imprévue et presque insolite. Et tout à coup, dans ce crépuscule, je prends conscience du danger sans que rien puisse faire prévoir que cette émotion va naître et grandir. Mystérieusement remontée du fond du passé, du temps de ma petite enfance, une angoisse surgit, toute pareille à celle qui me saisissait, alors, devant les événements imprévus ou tragiques ; c'est une sensation physique de sécheresse et de constriction de la gorge, avec de brusques palpitations. Et cela est tellement poignant de retrouver cette sensation d'enfance lointaine au milieu de ce cataclysme !

Maintenant la tranchée s'éclaire à la petite lueur mystérieuse de l'aube, et cela surprend comme si cette nuit hachée d'éclairs, dans le fracas et l'incendie, ne devait jamais finir !

Près de moi, le capitaine observe et réfléchit, toujours calme et rieur ; et cependant, il semble que son visage prenne peu à peu une rigidité marmoréenne. Tandis qu'il se tourne vers le clairon accroupi à ses pieds pour lui donner un ordre, une face terreuse, hérissée, énergique, haussée et tendue au bout d'un long col, surgit au sommet de la tranchée, entre deux mottes de terre. C'est un sous-officier de liaison qui apporte du bataillon des ordres. Il a vainement cherché l'issue de notre terrier, vers l'arrière, et demandé le capitaine, dans tous les trous. Il est venu

en rampant dans la boue, au hasard de ce marécage arrosé d'obus. Sa communication faite, il
s'en retourne avec simplicité, par son chemin
d'aventure.

Et pendant que, insensiblement, le jour grandit, l'attaque s'accentue et s'affirme, parmi le
vacarme croissant. Mais, dans cette intensité, on
ne perçoit plus que les sons aigus qui tranchent
sur l'uniforme gravité des vibrations ambiantes.
C'est ainsi que des balles, détournées par un choc,
partent en ricochet avec une clameur désespérée
et si diverse : sifflante, grondante, aiguë ou
grave, toujours déchirante.

Puis, peu à peu, il se fait une sorte d'accalmie ;
le canon espace ses volées de shrapnells ; alors
on entend dans le lointain une autre canonnade
sourde qui se prolonge à l'infini. Le capitaine me
crie dans l'oreille que nous allons subir un assaut ;
il prend ses dispositions, distribue ses ordres par
la voix vigoureuse et allègre du clairon, envoie
des estafettes vers l'arrière, puis tranquillement,
ces devoirs accomplis, prend un fusil. Une joie
sauvage illumine son visage tendu, dont les traits
rigides s'accentuent. Moi aussi j'ai pris un fusil
et, guettant de tous mes sens, je cherche à dé-
couvrir un ennemi dans la plaine rase, au delà
de la route et des fils de fer barbelés. Le vol des

obus au-dessus de nos têtes s'est espacé et la mousqueterie s'est presque éteinte, lorsque tout à coup une première salve part d'une de nos tranchées, puis une autre, et le martèlement de notre mitrailleuse qui crépite en avant, à l'ouverture de l'égout qui traverse la route. Mais je ne vois toujours pas d'ennemis. J'attends, dans l'impatience angoissée, le moment de faire enfin usage de mes armes contre un ennemi visible, dont je n'aurai plus à surveiller l'apparition et la surprise. Et cela s'est fait, cette apparition, subitement. Au moment où je tournais un visage interrogant vers le capitaine, un feu de salve partait de notre tranchée, et je vis alors, à un kilomètre environ, un grouillement grisâtre sur la prairie. Cela apparaissait et disparaissait subitement, dans le vague et la confusion. On ne percevait ni avance, ni recul, et le fracas de nos feux de salve, qui paraît si faible de loin, secoue comme un tonnerre. Et cela continue ainsi, presque monotone dans sa violence, puis, sans autre caractéristique, s'apaise peu à peu.

Maintenant la mousqueterie a complètement cessé ; seuls les obus, de plus en plus rares, glapissent, pleurent, grincent et sifflent dans l'espace, avant de déchaîner le tonnerre de leur explosion. **Et cela traîne ainsi, interminablement.**

Les tirailleurs, dans les tranchées, mangent accroupis à côté de leurs armes ; l'un d'eux, même, se fabrique une manière de café, dans son quart, au-dessus de quelques brins de paille enflammée.

Cela dure ainsi, ce repos, et je pense que bientôt nous allons pouvoir sortir de nos trous. Je ne serai pas long, certes, à sauter dans mon biplan et à m'enfuir loin de ces combats dans la boue, vers d'autres luttes que j'aime mieux.

Mais le capitaine reste contracté, comme insensible à la détente de cette cessation du combat; il maintient ses observateurs perchés sur leurs arbres ou leurs pans de murs, et attend.

Tandis que j'insiste pour aller voir mon appareil, une nouvelle attaque se dessine. A peine un ouragan de projectiles d'artillerie, violent mais bref, s'est-il ralenti que la mousqueterie intermittente recommence, et le grouillement confus des assaillants à plus d'un kilomètre de notre position. Comme la première fois, nous répliquons avec vigueur et méthode, mais l'attaque est molle et menace de se prolonger dans une espèce d'indifférence.

Alors, subitement, tandis que l'ennemi compte avoir lassé notre patience et amolli notre ardeur, l'embûche traîtresse se dévoile, le coup en dessous manifeste sa déloyauté.

C'est d'abord au sifflement plus aigu des balles, au crépitement plus voisin de la fusillade que nous comprenons que l'attaque a changé de point de départ; presque aussitôt, un martèlement de mitrailleuse éclate sur notre gauche, tout près de la route; mais nous n'avons pas encore pu en repérer la place exacte qu'une de nos tranchées se remplit de clameurs. Le capitaine, avec une figure effrayante de fureur concentrée, a vivement pris ses mesures de défense. Les tranchées prises en enfilade sont évacuées et nous faisons front vers le nouvel assaillant. Au même moment, tâchant de profiter du désarroi, l'attaque de front se fait plus pressante.

Et cela continue ainsi, tandis que nous reculons de fossé en fossé, à mesure que l'attaque de gauche nous atteint, toujours invisible. Et maintenant je comprends l'émoi du capitaine, et pourquoi sa figure figée s'essayait à masquer une grande douleur; il venait de recevoir l'ordre de tenir jusqu'à l'arrivée des soutiens, et son cœur saignait à la pensée de tant de ses tirailleurs qu'il devait laisser là, dans ces tranchées sinistres.

Maintenant on tire continuellement, sans arrêt et sans méthode. Chacun choisit son but, vise et fait feu aussi vite que possible, puis recharge, gardant le magasin garni pour l'ultime moment.

Et il s'approche, le dernier moment. La longue ligne des assaillants sur le front se rapproche, tantôt rampant, tantôt courant; bientôt ce sera l'instant immense du sacrifice, parmi la ruée, le corps à corps, la tuerie dans le fracas des grenades.

Cela devient machinal cette défense instinctive, désespérée, à bout de nerfs! Et c'est presque dans l'indifférence qu'éclate enfin derrière nous le premier coup de canon, du canon français de la délivrance! Mais tout aussitôt après, c'est la joie ivre du secours inespéré, du sauvetage, de la fin de l'angoisse mortelle. Il faut lutter encore, mais avec l'aide puissante de notre irrésistible canon. Ah! la douce chanson de nos obus! Et quelle précision dans le secours efficace! Presque tout de suite, les mitrailleuses invisibles cessent leur sournois martèlement, et leur destruction est suivie par l'écrasement de la longue colonne d'assaut. Ils luttent encore, ils menacent encore, ceux qui nous croyaient déjà à leur merci; mais il est venu pour eux, maintenant, le dernier moment du dernier sacrifice. Impitoyablement, par régulières volées, nettes, précises, effroyables, notre 75 de campagne leur sonne le glas!

IX

EN ESCADRE

2 novembre 1914.

Un vent aigre effiloche des nuées grises dans le ciel sale. Une lumière diffuse ajoute sa tristesse à l'hostilité des choses.

Un à un, des quatre points du ciel, les avions ont regagné le gîte. On les voit poindre à l'horizon, parmi le foisonnement des vapeurs lourdes; ils arrivent grand train, semant dans l'espace la chanson allègre de leur moteur, puis ils se taisent, piquent vers le sol et, à grandes orbes silencieuses, descendent et se posent.

Bientôt toute l'escadrille est ainsi réunie, pilotes et passagers vont au rapport, tandis que les sapeurs s'activent aux soins des appareils.

Il semble que la journée courte d'automne s'achèvera ainsi ; demain, dès l'aurore indécise, nous recommencerons nos travaux de guerre. Maintenant c'est le repos.

Et subitement un bourdonnement lointain arrête la débandade des aviateurs et fait lever toutes les têtes. Est-ce un Prussien ! Vainement les yeux fouillent la confusion grise du ciel — puis des cris : le voilà, le voilà. Un instant encore et l'aéroplane solitaire est reconnu, c'est L... ! En effet, un fin monoplan se profile sur une zone claire, tellement net et précis, qu'on le reconnaît malgré la hauteur.

Peu à peu il descend, puis, ayant reconnu le terrain, il coupe et atterrit ; on accourt. L... doit apporter des nouvelles, et d'importance, car nous savons tous que, dès l'aube, tous les jours, par tous les temps, L... rôde dans les nuages. Il vit là-haut, et ne descend que pour signaler ce qu'il a pu observer d'intéressant.

Cette fois il vient nous prévenir qu'un convoi très important — des munitions sans doute — chemine sur un petit embranchement de voie ferrée, à quelque cinquante kilomètres dans le Nord-Est. Pour le voisinage, un groupe de maisons pourraient bien abriter quelques « grosses légumes » à en juger par l'importance du convoi automobile mal dissimulé à l'entour.

Ce serait là, ajoute L..., une bonne occasion d'occuper cette fin de journée, et quant à lui, il réclame seulement d'être notre compagnon et notre guide.

Cela n'a pas été long. Tandis que le commandant téléphonait au quartier général, nous avons tout paré pour le départ, et maintenant, un par un, tous les avions s'envolent, à la suite de celui du chef de notre escadrille. Un peu en avant, le petit monoplan de L... nous montre la route.

Nous allons ainsi forçant l'allure et prenant de la hauteur, les yeux fixés sur notre chef de file. En bas la campagne crayeuse, blanchâtre et rousse, se déroule déserte.

Puis avant d'avoir pu rien distinguer de précis au-dessous de nous, une grande flamme s'élève du sol et un grand souffle d'air nous bouscule. C'est notre tête de colonne aérienne qui vient de faire sauter quelque chose, mais nous ne voyons toujours rien.

Tant pis, descendons ! Le moteur coupé, pour essayer de saisir les bruits dans l'espace, nous allons d'une glissade prudente vers le sol. Celui qui nous précède a fait de même et vient de lâcher ses bombes, car des fumées pointent çà et là.

Nous descendons toujours, attentifs de tous nos sens. Et subitement, **nous voyons.**

Une locomotive éventrée gît sur le bord d'un talus ; derrière elle une masse confuse d'où montent des flammes et des fumées. Un peu plus loin, un autre convoi est décelé par la fumée de sa locomotive, il fuit. En quelques secondes notre moteur, découplé, à toute allure, nous jette sur lui, et tandis que nous lui envoyons nos bombes, un autre convoi nous apparaît qui le précède.

D'un seul élan, nous bondissons dessus, laissant à celui qui nous suit le soin d'achever notre œuvre.

Ainsi nous allons, bousculés par le grand souffle des explosions, et attentifs à ne laisser échapper aucun ennemi. Une frénésie sauvage nous jette toujours plus près, toujours plus bas et quand, à portée de vue, nous apercevons les maisons suspectes et le grouillement de points noirs qui s'en échappent comme des punaises, nous nous jetons tous en avant d'un même élan forcené. Les bombes pleuvent, et bientôt des fumées denses s'échappent des maisons. Notre but est atteint ; le chef d'escadrille donne à ses avions dispersés l'ordre de rentrer. Un à un, à regret, nous virons de bord en lançant nos derniers projectiles, tandis que les canons automobiles, venus **trop tard au secours des punaises affolées, sa-**

luent notre départ de quelques vaines volées de mitraille.

En bas, dans l'obscurité croissante des bas-fonds, les trains de munitions continuent de brûler. De temps à autre, une grande flamme jaune ou rouge nous signale l'explosion d'un wagon atteint par l'incendie.

Maintenant, nous rentrons, encore frissonnants de la fureur du combat, insensibles à l'hostilité de cette nuit qui s'épaissit peu à peu.

Déjà, à l'horizon, scintillent les signaux lumineux de l'atterrissage ; ils semblent clignoter amicalement et nous inviter au retour vers le gîte.

Bientôt, un à un, nos avions sortent des ténèbres et se posent sur l'herbe rare. Dieu soit loué, nous sommes tous revenus.

X

CORDIALE SERVITUDE

16 novembre 1914.

Servitude. C'est bien le mot, dans l'antique noblesse de son sens militaire, qui doit s'appliquer aux rapports du pilote et de son mécanicien. C'est, dans la discipline inéluctable, l'affection confiante ou déférente, le dévouement, le compagnonnage sans morgue et sans humilité, la sublime fraternité d'armes, d'aîné à puiné !

Un jour, racontant les exploits de mon fidèle « mécano », je rapporterai de tels traits des mécaniciens aviateurs, que toute la corporation sera émue d'un légitime orgueil. L'éloge leur est dû : ils sont gens d'intelligence, de savoir, d'habileté et de cœur. L'aviation française, aux temps héroïques et aujourd'hui, dans la paix et dans la guerre, leur doit autant qu'aux inventeurs de génie et aux pilotes intrépides.

Aussi, tels de modernes écuyers des mousquetaires de l'air, la plupart ont accompagné leurs maîtres à la guerre, et c'est pourquoi nous voyons Ernest, sous le vêtement de toile bleue du sapeur, attendre, devant le hangar vide, le retour de L..., son maître, qui court les nues.

Un à un, les avions rentrent et les hangars se ferment ; la lumière grise de ce jour d'automne devient plus livide et plus froide ; tout à l'heure ce sera le crépuscule.

A mesure que l'heure s'avance, la face inquiète d'Ernest se creuse sous l'angoisse qui grandit.

Le champ peu à peu se vide.

Un appareil attardé apparaît, perdu dans le ciel. Puis, d'un vol oblique, il fond vers le sol, sans bruit. Cela étonne de le voir arriver ainsi dans un silence vertigineux. Déjà il est à terre, les sapeurs le rentrent et s'en vont. La solitude devient plus morne et plus hostile.

Ernest attend toujours, devant son hangar vide, et cela devient tragique d'attente angoissée.

Subitement, sur l'aérodrome désert, surgit une grosse automobile du convoi ; elle vient à nous en bondissant dans les flaques, parmi un jaillissement d'eau.

Ernest, au passage, arrête le chauffeur et l'interroge. Celui-ci, ruisselant, carapacé de boue, répond, simple, rude, pitoyable au fond.

— Ton patron doit avoir été *descendu* vers C... J'ai rencontré Prosper qui convoyait un Voisin par la route et qui a eu bougrement de mal à se défiler. Ils étaient deux ou trois cochons d'*Albatros* après un des nôtres qui se traînait au ras du sol. Il n'a pu le reconnaître. C'est probablement ton patron, puisque les autres sont rentrés.

Ernest devient livide et s'appuie à la voiture. Mais une flamme s'allume dans ses yeux; secouant toute émotion, il dit au chauffeur, calme et résolu :

— Laisse ta « bagnole » !

Et se tournant vers moi :

— Voulez-vous que nous allions voir par là-bas? Avec vous, le capitaine me laissera sûrement aller.

Quelques instants après, munis des autorisations nécessaires, nous bondissons à notre tour parmi les flaques d'eau. A toute allure, courbés sous cet embrun boueux qui nous flagelle, nous courons dans les chemins défoncés. Ernest, attentif et volontaire, agrippé au volant, nous jette en avant, d'un élan forcené. Autour de nous, c'est le crépuscule morne dans la campagne déserte.

Nous allons. Subitement, d'un coup de corne, Ernest appelle mon attention, puis, sans ralentir l'allure, sa tête levée m'indique un grand *Albatros* qui plane, très haut. Il va d'un vol puissant, régulier, hors d'atteinte des projectiles. De toute sa vitesse, il fuit devant la nuit qui s'approche, regagnant son gîte. Ernest, dans sa rage impuissante contre l'ennemi inaccessible, nous jette en avant, de toute sa violence comprimée. Puis, d'un seul coup, les mâchoires serrées, hagard, il stoppe d'un coup de frein brutal et fixe l'horizon, sans rien dire, d'un regard désespéré.

Et moi aussi, tout d'un coup, je vois, et avec quelle inexprimable angoisse : un aéroplane se traîne à l'horizon, penché, tangent, cabré dans un effort désespéré pour passer au-dessus des lignes d'arbres, ballotté ensuite dans un vol hésitant et cahoté. C'est L... qui se défend contre la mort.

Ernest, horrifié, d'un brusque virage s'est jeté dans les champs. Il va dans la direction où agonise cet appareil, comme un halluciné, il fonce dans les obstacles. Je suis obligé de le rappeler vigoureusement au sang-froid. Et nous allons ainsi, sautant les sillons, traversant les chemins, dans cette obscurité qui s'épaissit de minute en minute.

Un moment encore nous voyons les tragiques soubresauts de l'avion blessé, puis plus rien. Une sorte de gémissement étranglé décèle seule l'émotion qui tenaille mon compagnon. Pétrifié, rivé à son volant, on le dirait insensible, mais quand une flamme rougeâtre jaillit au delà des arbres, vers l'endroit où L... est tombé, Ernest lâche tout, et prenant sa tête entre les mains, rugit à travers ses sanglots : « Il brûle, il brûle ! », puis, d'un élan aveugle, il fonce vers la lumière jusqu'à ce qu'un fossé nous barre le chemin. Il arrête alors, saute à terre et se met à courir. Un instant encore son rugissement désespéré retentit dans la campagne déserte, et c'est lugubre ces cris dans l'obscurité désolée, cette flamme qui luit entre les arbres.

Le cœur serré, je remets péniblement l'automobile en route, cherchant un passage. Obstinément, à travers la boue qui menace de m'enliser et l'eau qui me flagelle, je marche à la funèbre lumière. Et subitement, au défilé d'un chemin creux, je vois. Oh ! la bonne minute, l'heureuse fin d'une incertitude poignante ! L... est debout auprès d'un bidon d'essence qui achève de flamber. Tranquille, les mains aux poches, L... considère la flamme allumée pour signaler sa présence dans cette obscurité déserte.

. . . .
. . . .
. . . .

Une voix où grelotte encore le trémolo d'une
émotion mal apaisée chante dans la nuit, tellement insolite dans le mystère de la campagne
désolée !

L..., le pilote, ravive le feu d'un coup de pied
et dit :

— C'est Ernest, le mécanicien, qui chante au
travail.

Et pourtant, il n'y a qu'un instant, il était
presque fou d'angoisse désespérée. Je l'ai vu
jaillir de l'obscurité, ruisselant, boueux, le souffle
perdu. Il courait en aveugle ; soudain il s'arrête
devant moi, hagard, comme s'il ne me reconnais-
sait pas ; puis, me prenant les mains, il se met
à bramer d'une voie rauque et hachée que je ne
lui avais jamais connue :

— Patron, ah ! patron, je vous croyais foutu !...

Je ne l'avais jamais vu ainsi ; je craignais de
le voir défaillir, quand, se maîtrisant d'un effort
soudain, il me dit d'un air presque naturel :

— Et ousqu'est le tacot ?

Il est aussitôt parti vers l'endroit que je lui ai
indiqué, et maintenant vous l'entendez chanter
en travaillant, selon son habitude !

Alors, comme il me semble entendre une plainte étouffée, je sonde l'obscurité d'un regard plus attentif et j'aperçois, presque invisible, hors du rayonnement du feu, un grand corps allongé à terre et roulé dans une couverture. C'est X..., l'observateur. Je m'approche.

— Pardonnez-moi, pauvre cher, je ne vous avais pas vu. Comment êtes-vous?

Alors une voix gémissante monte du sol :

— Amoché!

A la lueur de la flamme ravivée, je vois une face de cendre aux yeux de stupeur, une bouche en cicatrice au-dessus d'un menton tremblottant. Calme à son ordinaire, intrépide devant la douleur, Henri N... raconte de sa voix de blessé, lamentable et atone en dépit de lui-même :

— Agrippé au fuselage, tassé au fond de mon poste de passager, je suivais de corps et d'âme la manœuvre désespérée de L... En haut, les deux Albatros planaient au-dessus de nous, et les projectiles pleuvaient. De l'horizon, un autre ennemi accourait à la curée. Et nous, à petite allure, moteur essoufflé, nous sautions les lignes d'arbres, cherchant l'atterrissage et le secours du poste de territoriaux le plus voisin. A tout instant je craignais de voir les Prussiens foncer sur nous et nous écraser sur le sol à coups de bombes. Mais ces incendiaires de villes non défendues n'ont point d'audace. Redoutant les embûches possibles au voisinage du sol, ils se maintiennent hors de portée des projectiles et nous bombardent de là-haut.

A cette évocation, la voix gémissante qui monte du sol se fait plus âpre, une dureté de rage exaspérée y fait vibrer des éclats que la douleur réprime. La désolation du décor nocturne ajoute au tragique de ce récit de vaincu, gisant et meurtri.

— Les balles poursuivaient notre fuite lorsqu'un bout de prairie nous étant apparu, nous fonçons dessus d'un élan désespéré pour atterrir à tout prix. Soudain, une flamme jaillit à quelques mètres, un tonnerre couvre tous les bruits, et tout se confond dans la fumée, le fracas et les secousses brutales d'un atterrissage bousculé. D'autres bombes éclatent encore, au voisinage, dans une tempête de bruit et des rafales de projectiles. Tout cela a duré quelques secondes. Mais quelles secondes éternelles ! et dans cette bousculade de sensations trop violentes dans leur brièveté, je ne puis retrouver le souvenir de l'instant où j'ai été blessé. J'ai seulement ressenti comme le choc d'invisibles matraques, et ce n'est **qu'après le combat qu'un vertige nauséeux, une** fatigue douloureuse et des jambes molles m'ont fait choir sur le sol.

Maintenant, placide, malgré tant d'émotions subies, le pilote manifeste le désir de rentrer au centre ; nous allons quérir Ernest qu'on entend clamer de sa pleine voix, à peine assourdie par la brume.

Nous allons, parmi l'herbe mouillée, vers la petite lumière qui scintille au ras du sol. La nuit d'hiver, opaque, répand une désolation silencieuse sur la campagne. La voix d'Ernest s'élève par moment, et le cliquetis de ses outils entrechoqués ; puis le silence retombe. Pour nos oreilles pleines du bruit des batailles, il y a quelque chose d'insolite et de sinistre, comme s'il cachait des embûches, et parfois, d'un même mouvement halluciné, nous levons la tête, croyant entendre dans le ciel la clameur sibilante et désespérée de quelque projectile errant. Mais non ; ce silence, qui paraît éternel, pèse sur la campagne déserte.

Nous arrivons près du grand oiseau affalé sur l'herbe. Il est solide et fier d'allure encore, malgré ses blessures. Autour de lui les lampes à acétylène, à grands éclats bruyants, déchirent l'obscurité ; des lambeaux de nuit flottent en ombres **démesurées et fantastiques**.

Au bruit de son chant intermittent et machinal, Ernest s'active autour de l'appareil. Déjà, il a installé ses outils sur de grands carrés de toile posés sur le sol et douillettement enveloppé le moteur avec la veste de cuir dont il s'est dépouillé.

A l'annonce du départ, il manifeste ses craintes au sujet de l'appareil ; il le fait d'un ton enjoué, en un langage pittoresque. Ce n'est plus le même homme qui, tout à l'heure, croyant son maître attaché à l'appareil en feu, courait, fou d'angoisse, dans la nuit, en poussant sa clameur désespérée. Remontant les épaules et la tête inclinée, il dit, en simplicité bonasse, mais malicieuse :

— Vous pouvez bien rentrer avec la bagnole pendant que *je me repose* auprès de l'appareil, tout en bricolant. Je connais les territoriaux qui vont venir. Ce sont de braves pères tranquilles ; mais s'ils voient le tacot amoché, chacun voudra barboter un souvenir pour son gosse. Et comme ça, ils feront la *catastrophe et le saccagement,* comme un que j'ai vu, une fois, qui emportait la magnéto en manière de souvenir.

Sûr de son homme, L... répond, en confiance, à sa requête :

— C'est bien, fais à ton idée !

Et nous partons, tandis qu'abandonné dans

cette solitude Ernest chante au milieu des ténèbres.

Maintenant, nous allons vers le gîte, parmi les embûches de l'obscurité et l'hostilité des choses. L... s'est mis au volant ; je cherche à reconnaître la route, et nous allons ainsi, à petite allure, menacés d'enlisement dans la terre grasse ou de chute dans les fossés. Parfois de grands cahots secouent la lourde voiture, parmi le rejaillissement de l'eau boueuse, et l'on entend notre blessé gémir.

Enfin nous retrouvons la route. Alors, nos phares rallumés, malgré les orn.ères de cette route défoncée, sous le cinglement des embruns boueux, l'avancée se fait plus facile et plus rapide, et j'ai enfin le loisir d'interroger L... sur les minutes d'épouvante qu'il vient de vivre, sans se départir de sa placidité héroïque.

Il est là, agrippé à son volant, tellement calme dans sa simplicité, attentif et tranquille après tant d'angoisses récentes, que je ne puis m'empêcher de penser que tant de froid courage, dans une âme si solidement trempée, doit régenter un corps spécialement organisé — de bronze et de granit — exempt de toute humaine nervosité.

Et, bien que je sois habitué à tenir mon rôle dans l'habituelle tragédie aérienne, je ne puis maîtriser une poignante émotion au récit de mon camarade. A l'évocation de ces minutes affreuses, le décor ajoute sa grandeur.

Comment rendre la puissante impression que suscite, dans sa simplicité, le récit que mon ami sème dans le vent de la course nocturne, parmi le jaillissement des eaux flagellantes, la bousculade des cahots et les gémissements du blessé tenaillé de douleur?

Dès le crépuscule, le vent avait commencé de gémir et toute la nuit fut bousculée de bourrasques. Puis, vint une aube livide, pisseuse, mouillée, encore secouée de rafales.

L..., cramponné à son volant, fouillant l'air d'un regard aigu, jette son récit dans le vent de la course, parmi les embruns et les cahots, sur cette route défoncée par l'incessant charroi des convois interminables.

Enfin, dans la matinée, le vent d'Ouest fait mine de faiblir, en tournant quart au Sud, vers la zone du suroît. Une accalmie brumeuse, voilée de vapeurs tièdes, me laisse espérer une atmosphère maniable. Aussitôt je me mets en route. Henri, ayant obtenu une permission, m'accompagne, tout heureux, dit-il, de pouvoir enfin faire une ascension « pour le plaisir », libre de toute observation, débarrassé de tout absorbant devoir.

Le départ est mauvais : le moteur tire mal, l'appareil, déréglé, penche à droite, je dois corriger avec le gauchissement. Après avoir longtemps roulé, je décolle lourdement, à grands coups de profondeur, impossible de tenir l'air, l'appareil est tangent ; il faut descendre.

Après avoir débarqué nos bombes pour nous alléger, et réglé notre moteur, nous repartons. Ça va un peu mieux ; après quelques tours au-dessus du parc, je me décide à prendre le large.

Nous allons ainsi, péniblement, tantôt enfouis dans des brumes blondes, tantôt dans le pâle rayonnement d'un soleil jaune. Parfois, le moteur faiblit, j'ai alors l'impression que l'appareil s'asseoit lourdement et se met à ballotter, oscillant d'une aile sur l'autre.

A notre dernier atterrissage, auprès d'un gros bourg, nous allons déjeuner et nous apprenons que deux biplans, supposés allemands, rôdent dans le voisinage. Que peuvent-ils faire dans ces parages si en arrière des lignes du feu? Pourvu que nous ne tombions pas sous leur vue, dans un si triste état, qui ne nous permettrait ni un combat possible, ni la fuite !

Nous attendons, l'appareil dissimulé sous des branches d'arbres, que la route soit libre; c'est seulement à la fin de la journée, une heure avant le crépuscule, que nous prenons enfin notre vol pour la dernière étape.

Aussitôt, les difficultés recommencent : peu à peu, une rage folle m'empoigne contre l'obstination hostile de mon moteur, cette rage illogique, mais d'autant plus furieuse qui se soulève et se bute contre l'irresponsabilité des choses.

Et tandis que je m'acharne dans cette lutte, las de poursuivre cette interminable navigation cahotée, subitement, je suis secoué d'un choc imprévu que je perçois sans l'entendre ; et, devant moi, la tôle du capot s'étoile d'un orifice imprévu.

D'un même mouvement, surpris, Henri et moi nous levons les yeux pour scruter l'ambiance, tandis que, instinctivement, je coupe l'allumage et je braque l'appareil nez au vent pour l'immobiliser.

Successivement, deux autres étoiles marquent le dos de notre aile droite ; alors seulement nous apercevons — avec quelle subite angoisse — un *Albatros* qui plane au-dessus de nous, très haut. Derrière lui, un autre vient en hâte pour s'acharner contre la pauvre proie que nous sommes.

Rien à faire, pas de lutte possible ; la fuite elle-même, en vitesse, à grands coups d'aile, en plein ciel, nous est défendue. Il faut atterrir et **abandonner notre appareil.**

Crispé de rage impuissante, éperonné par la hâte dont dépend notre vie, je cherche, d'un œil vif, un atterrissage possible. Alors, j'ai senti mon poil se hérisser et une sueur d'agonie mouiller mes tempes : à perte de vue, au-dessous de nous, d'étroites bandes de prairie, séparées de fossés et de lignes d'arbres, interdisent tout atterrissage. Derrière moi, vainement, Henri tiraille avec son mousqueton.

Alors commencent les minutes qui ne finissent point et les secondes inexorables dont chacune peut être la dernière !

A tout espoir, je me rapproche du sol ; les *Albatros*, sûrs de leur proie, ne tirent plus. Tandis que l'un interdit toute retraite en vol, l'autre cherche visiblement à nous survoler pour nous écraser à coups de bombes.

Nous allons..., pas un coin de la terre maternelle ne se montrera donc pour nous accueillir ! Les projectiles ont recommencé, une première bombe explose sur le sol.

Nous allons..., maintenant, il me faut cabrer au passage des lignes d'arbres, puis je redresse péniblement ; l'aile droite est toute criblée, le moteur vibre et secoue la membrure jusqu'à la dislocation.

Nous allons..., mais pour combien de secondes

encore?... les bombes éclatent au sol, toujours plus voisines. Un autre *Albatros* à l'horizon. Combien seront-ils de vautours à la curée?

Nous allons..., c'est trop long, cette agonie; la nuit vient. Les vautours manquent d'audace; quelque chose comme un espoir illumine notre course à l'abîme. Mais non, les trois *Albatros* vont nous écraser de bombes. Je vais me jeter dans les arbres. Mon Dieu, ayez pitié! c'est trop long cette agonie!...

Puis, tout à coup, comme en rêve, voici le petit terrain entre les arbres, l'atterrissage dans les flammes, le tonnerre et les rafales de projectiles, la fuite des vautours, la nuit secourable et, après cette éternité, le calme des minutes paisibles!

XI

L'ACCIDENT

17 décembre 1914.

D'un style horrifié, d'une encre lacrymale, je dois aujourd'hui conter la victoire du mauvais destin sur le courage d'un héros fraternel.

Je vais tâcher, dans la simplicité militaire d'un bref récit, en dépit de l'émotion douloureuse qui me poigne, de rendre la tragique grandeur de cette trahison des choses.

L..., lieutenant aviateur nouveau promu, — encore dans l'ardeur nouvelle d'un zèle passionné, — a été arraché à notre France par une traîtrise du sort, complice de l'ennemi.

Ce jour d'automne, gris et calme, presque tiède, serait, dans la paix du vignoble champenois, doux à vivre, mélancolique à peine ; mais toute la nuit, et ce matin, dès la prime aurore, la tempête des canons s'est déchaînée.

Les Allemands tiennent les collines au Nord et à l'Ouest de la ville ; leurs mortiers enterrés vomissent sans arrêt de monstrueux projectiles. De notre côté, tout un essaim d'aéroplanes s'active à les dépister. Nous allons, dans un vol de va-et-vient incessant, de nos lignes jusqu'aux batteries prussiennes.

Au-dessous de nous les trajectoires croisées emplissent l'air d'une rumeur sibilante ou ronflante, puis bousculent les échos par le fracas de leurs explosions.

Parfois un shrapnell vient éclater dans notre voisinage, nous souffletant d'un grand remous d'air parmi le bruit formidable de la déflagration.

Notre labeur devient machinal et presque fastidieux : le repérage du gîte des canons, le retour, le nouveau départ, l'observation des points de chute, leur notation sur le schéma, puis le retour.

L..., infatigable, se livre, à bord de son biplan, à cette besogne depuis le matin, lorsque, en rôdant dans les nues, en arrière des lignes ennemies, il a reconnu et repéré un quartier général. Revenu aussitôt pour prendre des ordres et renouveler ses projectiles, notre ami s'apprête au départ pour la périlleuse mission.

Il est là, surveillant les dernières dispositions, calme en apparence bien qu'on le devine tout fiévreux d'enthousiasme. D'une voix un peu saccadée, il donne à son passager ses derniers renseignements, puis il s'installe posément et donne le signal du départ, tandis que le passager, engoncé, emmitouflé, se drape par surcroît dans un vaste cache-nez. Au loin, le combat enfle son grondement formidable, des fumées sinistres courent à l'horizon.

L...., d'un grand élan désinvolte, a pris son vol, et maintenant il s'élève peu à peu, en larges orbes, avant de foncer vers l'ennemi.

C'est pendant cette montée paisible, alors que l'espace est libre de toute menace, que le destin sournois prépare son embûche. D'une circonstance infime, il s'empare, pour en faire l'origine d'un inéluctable déterminisme, qui ira, s'enchaînant, vers la catastrophe.

Ils vont, les deux hommes, sur leur aéroplane, dans un vol régulier et tranquille ; avant de se jeter dans la tempête de la bataille, ils goûtent les dernières minutes d'une montée facile, quand dans le vif courant d'air de la course un bout du cache-nez du passager se met à flotter, légèrement, à petit bruit allègre, comme un drapeau.

Alors, cela a été subit et terrible : le cache-nez, déroulé par un remous imprévu, aspiré par la succion formidable de l'hélice, s'est échappé, malgré les efforts du passager engoncé, comme s'il était soudain animé d'une volonté sournoise et diabolique. Il part au vent, s'enroule autour de l'hélice vertigineuse et la fait éclater. Le moteur, affolé, précipite sa rumeur en un hurlement forcené, tandis que les éclats de l'hélice, d'un élan effroyable, fauchent tout sur leur passage, et, désemparé, l'arrière rompu, l'aéroplane vient au sol.

Il vient au sol, et les hommes, à bord, ont compris. Nous voyons le passager levé à demi dans le fuselage, agitant les bras, le pilote, crispé sur ses vaines commandes. Ils viennent au sol, dans un vertige, et ils ont compris ! Toute l'angoisse du monde tient dans ces mots !

Nous sommes, à terre, figés de stupeur douloureuse ; notre impuissance désespérée ne nous laisse que la volonté de fuir, de ne plus voir, de ne plus entendre. La chute s'accélère ! Oh ! ne plus rien percevoir de ce drame, ne plus rien imaginer des affres de ces hommes ! Et, les mains sur le visage, nous attendons, dans une angoisse frénétique, que tout cela soit fini !

Maintenant le crépuscule tisse ses crêpes sur la désolation des campagnes. Le bruit de la bataille s'apaise au loin, vers des incendies qui ensanglantent l'horizon bas. Tandis que les derniers avions regagnent le gîte à tire d'ailes, dans l'obscurité grandissante, nous relevons pieusement les corps de nos héros, de nos frères foudroyés, parmi les débris de leur appareil gisant.....

XII

FANTASMAGORIE HIVERNALE

20 décembre 1914.

Ce matin, après une nuit d'obscurité totale et glacée, il fait un calme impressionnant. Dans l'air figé, une clarté polaire s'épand peu à peu, terne et diffuse. On ne conçoit que cela puisse être l'aube, et que cette lumière douteuse, domptant les ténèbres, devienne le jour.

L'air assourdit étrangement toutes les rumeurs. Sur la plaine déserte et sur le parc de l'escadrille, un grand silence insolite plane.

Puis, peu à peu, une activité se manifeste, des ombres s'agitent dans cette lumière de rêve ; ça et là, des flammes jaillissent, on voit alors sortir de l'obscurité quelque aéroplane accroupi, qui étale, de toute son envergure, dans le rayonnement du foyer, ses ailes comme teintes de sang.

Parfois un coq chante ; son clairon assourdi n'émeut aucun écho. Un bruit de voix étouffées troue à peine le silence, qui retombe aussitôt, sépulcral, dans l'air immobile !

Cette vie ralentie sous la lumière mourante, ce silence dans cette atmosphère inerte et glaciale ont quelque chose d'anormal et d'inquiétant. comme si cette immobilité couvait des enchantements et des mystères. Mais, peu à peu, ces illusions crépusculaires se dissipent, tandis que la lumière grandit et s'affirme, par gradations insensibles, tout en restant traînante et diffuse.

Maintenant, l'heure est venue de commencer notre labeur quotidien : reconnaître et repérer les batteries que les Prussiens ont établies pendant la nuit.

Dès le départ, l'air vif de la course nous glace en dépit de nos vêtements superposés. C'est comme une brûlure aux joues, et nos yeux pleurent sous les lunettes ; la buée de la respiration s'attache en stalactites de glace aux laines bourrues de notre passe-montagne.

Dans la poitrine, à l'ordinaire oppression des grandes vitesses s'ajoute une frigidité qui dessèche la gorge ; le nez fourmille d'insupportables picotements et les poumons sont comprimés jusqu'à l'angoisse.

Puis c'est le tour de refroidissement des extrémités ; la sensation pénible s'exacerbe peu à peu jusqu'à devenir une souffrance véritable.

Nous allons ainsi vers nos lignes de feu à petite altitude. Les détails du sol se dessinent en un relief précis, malgré la faible lumière. Ça et là des mares gelées luisent d'un reflet livide. Sur les routes, des convois interminables s'allongent.

Enfin nous prenons terre au voisinage de la ligne de combat, en arrière de nos batteries de gros canons. Notre zone d'exploration déterminée, nous embarquons notre observateur et prenons aussitôt notre vol pour un premier voyage au-dessus des ennemis, dans le seul but de recueillir les éléments qui serviront à la confection du relief topographique. De retour dans nos lignes, ce schéma topographique est établi ; nous repartons aussitôt pour survoler l'ennemi, tandis que notre observateur note les points de chute sur son « topo ». Celui-ci est de *nouveau rapporté* à nos canonniers qui en font immédiatement leur profit.

Rien de fastidieux et de monotone comme ces continuelles allées et venues. Nous prenons soin de nous maintenir hors de la portée des projectiles que nous voyons éclater au-dessous de nous. Quelquefois, cependant, il est nécessaire de nous rapprocher du sol. Alors, d'un brusque plongeon vertical, nous nous abaissons de trois ou quatre cents mètres ; les projectiles nous font cortège et leur éclatement tout voisin nous étourdit de bruit et nous bouscule de grands souffles. Puis, sur un virage précipité, nous repartons à tire d'aile vers nos lignes, sans ralentir pour reprendre de l'altitude. Ce sont là les seuls incidents de ce labeur interminable.

Après quelques heures, comme un honnête ouvrier interrompt sa tâche pour le repas, nous repartons vers notre parc.

Et c'est là, pendant le paisible retour au gîte, en un vol tranquille, à petite altitude, que la fantasmagorie hivernale se déchaîne, subite, imprévue, mauvaise.

Tandis que nous allons notre chemin dans l'air gris, sous le ciel plombé, l'assourdissement insolite de toutes les vibrations que, dès ce matin, semé partout d'invisibles ouates, nous avons remarqué, se fait plus net ; c'est à peine si la clameur forcenée de notre moteur peut ébranler cette amosphère figée. Le ciel devient de plus en plus obscur sur nos têtes, tandis que le sol, proche, accentue son relief, comme s'il émettait une réverbération lunaire.

Puis, subitement, apparaît une série de raies

grises, fines, serrées, inexplicables, qui courent vertigineusement à notre rencontre et remplissent l'espace. Le froid devient atroce. Enfin une première mouche s'écrase sur nos lunettes ; alors nous comprenons que nous sommes tombés dans un nuage glacé et qu'une tourmente de neige nous enveloppe de son hostilité.

L'horizon se rétrécit, le tissage des raies grises se fait plus dense et les mouches s'écrasent partout. Le moteur, incapable de chasser cet essaim, le brasse à grands coups d'hélice, et sa clameur s'étouffe en un ronronnement assourdi. De plus en plus, une fantastique lueur monte du sol.

Nous allons, d'un vol abaissé, hésitant, cherchant l'atterrissage ; le paysage, au-dessous, a pris un aspect étrange ; de grandes plaques blanches irrégulières l'ont défiguré ; son relief s'est aboli, n'offrant plus aucun caractère à nos regards angoissés.

Puis, avant que nous ayons eu le temps de repérer notre nouvelle route à la boussole sur quelque clocher familier, nous entrons subitement dans le noir. Tout s'abolit du monde extérieur ; pire que la brume, la neige nous environne, et la mort est partout. Comment finira cette épouvante ?

XIII

LA VEILLÉE

25 décembre 1914.

Cela tient vraiment du miracle : transmettre la pensée humaine par le moyen des ondes électriques semées dans l'éther et recueillies par un détecteur très sensible, avec une sûreté et une rapidité merveilleuses. On est arrivé à construire des appareils (transmetteurs et récepteurs de télégraphie et de téléphonie sans fil) si légers et si peu encombrants, qu'on les installe à bord des dirigeables et des avions. Que de soins, de travail, que de talent, de génie même ont été dépensés à parfaire cette œuvre admirable !

Quelquefois, las de la lutte sans merci que nous menons opiniâtrement contre les hommes

S

et les éléments hostiles, il nous est arrivé de railler ceux qui se consacrent, à l'arrière, aux recherches et aux études. Mais nous nous empressons de leur rendre un juste hommage, à ces travailleurs, toute mauvaise humeur évanouie devant le résultat de leurs efforts. Combien notre tâche sera simplifiée et rendue plus efficace, grâce à ces appareils de téléphonie et de télégraphie sans fil. Ce soir, justement, nous allons, à bord d'un dirigeable en patrouille, nous familiariser avec l'usage de ces engins merveilleux.

Une nuit cristalline de Noël. Des étoiles plein le ciel fluorescent. Une bise d'entre Est et Nord-Est, sèche, aigre, glacée, effiloche et dissipe peu à peu des nuées fantomales.

Notre vaisseau aérien fait sa route dans cette limpidité glacée, au rythme martelé et formidable de ses moteurs.

Il va, d'un élan soutenu, balancé d'un léger tangage; de chaque côté de la nacelle, à l'extrémité de leurs pylônes, les hélices démesurées aspirent et refoulent l'air, parmi les remous, dans un bruit de tempête.

Il sera bientôt minuit. Peu à peu s'éteignent les rares lumières qui marquaient sur la terre sombre la place des habitations; dans la tiède intimité de leurs maisons closes, les hommes dorment, dans la sécurité qui fait les sommeils paisibles.

Et nous allons ainsi, tandis qu'à l'horizon les grands jets de lumière des projecteurs électriques fouillent le ciel. Jusqu'à l'aube, nous devons croiser sous les étoiles.

Il y a quelques heures, tout le monde reposait dans le parc aérostatique ; le grand dirigeable dormait dans son hangar. Dans l'espace froid et désert, seuls quelques chants des cloches de Noël semaient leurs vibrations.

Puis subitement, sur un appel de téléphone impératif et mystérieux, cela a été le grand branle-bas d'un départ précipité. La solitude s'est animée d'un grouillement d'activité, les ténèbres chassées à grands flots de lumière électrique.

Plus de cent soldats cramponnés à l'aérostat l'ont traîné dehors ; cette sortie dans la nuit, même lorsqu'elle n'est point l'angoissant prélude d'un combat aérien, est pleine d'une émouvante grandeur.

Le colosse, plus démesuré et plus impressionnant dans ses contours imprécis, semble ramper dans le silence. Surgissant de l'obscurité, il écrase tout de sa masse, avec, invisible, cette centaine d'hommes pendus à ses flancs. Seul, un officier qui marche en tête crie des ordres dans un porte-

voix et lance des coups de sifflet qui s'ondulent,
impérieux. Cet homme, minuscule et presque invisible, avec les cris non humains de son porte-
voix, paraît quelque enchanteur qui traîne derrière lui, dompté, un monstre fabuleux.

Maintenant, bien à l'aise au milieu d'un grand
espace désert, face au vent, l'aéronef se balance
doucement à la brise nocturne. L'équipage est à
bord et déjà les sergents mécaniciens s'activent
au soin des moteurs; on n'attend plus que le
commandant, toujours aux écoutes de son téléphone mystérieux. Que dit-il? Vers quels combats
sa petite voix grêle va-t-elle nous jeter — à travers les embûches et l'hostilité de la grande nuit?

A l'extrême horizon, nous voyons coup sur
coup jaillir et briller plusieurs fusées de signaux.

Enfin, voici le commandant du bord. Quelques
ordres, quelques coups de sifflet, et nous voici
lâchés dans l'espace. Cela a été tellement doux,
au départ, que l'on n'en a point perçu l'instant,
et que seul l'éloignement du sol le rend sensible.
Tandis que nous montons ainsi, tout en dérivant,
les moteurs ont alors accentué leur ronflement;
les hélices, débrayées, gesticulent d'un mouvement hésitant et mou. L'officier de manœuvre
jette un lest parcimonieux. Alors, en hâte, pendant le calme impressionnant de cette montée et

de cette dérive, le commandant nous révèle la communication mystérieuse du téléphone : Un zeppelin a franchi la frontière, très haut, au-dessus des nuages. Nous devons lui barrer la route de la Ville et, s'il tente de forcer le passage, lui livrer bataille avec l'aide des avions que nous appellerons à la rescousse.

Puis, sur son ordre, les moteurs démuselés, les hélices embrayées, la route donnée, nous fonçons dans la nuit, d'un élan irrésistible. A bord, rien qui décèle l'attente qui nous émeut : en avant de la nacelle, à son poste surélevé, le pilote semble de pierre, Derrière lui, en contre-bas, devant les petites lumières masquées des tableaux, le groupe silencieux du commandant, de l'officier de manœuvre, du bombardier et du second pilote ; plus en arrière, dans le couloir des machines, les mécaniciens.

De temps en temps, le commandant fait débrayer les hélices ; on sent tout de suite comme un attiédissement de l'atmosphère, parce que cesse de souffler le vent glacé de la course. Alors, tandis que nous dérivons lentement dans la nuit, de tous nos sens surexcités nous quêtons dans l'espace le signe fugace, la vibration errante qui nous décélera l'approche formidable de l'ennemi. Rien, rien que le clignotement des étoiles et les jeux des nuées fantomales, dans cette fluorescence de rêve. Alors nous reprenons notre course, à la clameur de nos moteurs découplés de nouveau.

Tout d'un coup, un sursaut nous secoue. Tous, d'un même mouvement, nous tournons la tête au vent; n'est-ce point la résonance étouffée d'un coup de canon? Très vite, nous nous remettons en posture d'observation, et sur le grand vaisseau silencieux, à la dérive dans la nuit, ce sont des minutes angoissantes, dans l'attente de voir enfin surgir l'ennemi, dans le désir exaspéré que finisse cette indécision et cette inquiétude. De toute notre ardeur, nous souhaitons combattre; mais que finisse cette invisibilité sournoise de l'ennemi. Avec quelle joie nous précipiterons-nous à sa rencontre, en jetant dans l'espace l'appel qui doit faire accourir les avions !

Mais rien, toujours rien. L'interminable navigation recommence. Chaque fois que nous repartons, le coup de froid de la brise glacée devient plus pénible.

Maintenant l'obscurité s'est faite, totale. Vainement, dans notre randonnée monotone, nous cherchons, en faisant varier l'altitude, une zone plus éclairée. Et nous allons ainsi, interminablement, dans l'obscurité glacée!

C'est l'heure où les hommes, dans la moiteur

tiède de leur lit, protégés par leurs maisons closes contre les terreurs nocturnes, dorment et rêvent !

Il semble que cela ne finira jamais, cette lassitude, ce froid et cette angoisse d'une attaque sournoise, quand soudain, à l'extrême horizon, vers l'Est, une fusée jaillit et troue la nuit d'un éclat violent. C'est un appel. Comme ébroui d'un feu vif, notre sang s'est mis à battre dans nos veines, tandis que, d'un élan forcené, de toute la puissance de nos moteurs, nous nous jetons en avant, vers ce signal. Un autre, un autre encore.

Maintenant, nous sommes assez près pour entrer en communication par télégraphie lumineuse. Et nous apprenons — avec quelle rancœur — que l'ennemi est reparti et qu'il n'y aura point de combat cette nuit.

Alors, doucement, nous redescendons vers la terre.

XIV

LA TOURMENTE

3 janvier 1915.

« Ce soir, y a séance de B. A. L. ; on travaille avec les « poilus gueulards », nous disent les mécaniciens. Comment sont-ils informés déjà que l'escadrille doit participer à l'attaque de cette nuit, de concert avec l'artillerie lourde de campagne — dont les servants sont dénommés par eux « poilus gueulards », par opposition à ceux du 75 qui fait beaucoup moins de bruit ?

Notre parc, dans cet après-midi de brume et de froid, est silencieux et presque désert. Solitaire, isolé en haut de sa prairie déclive, entouré de sapinières, il domine vers l'orient et le nord un immense horizon ; en arrière des sommets arrondis et chevelus s'étagent; en avant on voit le relief s'abaisser presque régulièrement et la plaine s'étendre jusqu'à l'extrême lointain, unie, plate, monotone. On dirait d'une mer insolite, lépreuse, figée, et toute haillonneuse de lambeaux de brumes sales.

Maintenant, c'est le crépuscule; une grande brise fraîche donne la chasse aux vapeurs errantes; par bouffées elle apporte l'écho formidable de la bataille.

De là-haut, comme d'un observatoire, un officier d'état-major nous montre, mieux que sur une carte, l'emplacement des ouvrages ennemis et des voies ferrées qu'il faudra, en pleine nuit, aller reconnaître et bombarder.

Puis les heures se traînent dans l'attente; quand l'instant sera venu, les artilleurs nous lanceront un signal, et nous nous jetterons à l'attaque. Jusque là nous devons veiller dans l'obscurité et attendre!

La nuit hivernale pèse de tout son poids sur les choses et les êtres. Très haut, le ciel est clair, mais des vapeurs lourdes roulent dans les vallées.

Attendre! Tout est obscur, dans la désolation, le froid et le silence! Aucun feu n'est visible; pourtant on ne sait quelle activité sournoise se devine sous cette impassibilité; parfois monte des terres basses un bruit de charroi ou la rumeur confuse d'une troupe en marche ; parfois de derrière l'horizon, rougeoie comme un reflet d'incendie sur les nuages, comme un éclair diffus : c'est l'écho lumineux d'une canonnade lointaine.

Attendre ! Les avions sont accroupis, tous les trois en ligne, face à la plaine. Auprès de chacun d'eux, comme un cavalier à la tête de son cheval, veille un sapeur, prêt à lancer l'hélice. Derrière, en groupe confus, les aviateurs observent l'horizon, en échangeant de rares paroles.

Le silence immense couvre tout, tellement insolite dans cette absence totale de lumières, qu'on devine la menace cachée, et qu'une tempête se prépare qui bientôt se déchaînera.

*
* *

Attendre ! Rien, toujours, que cette nuit interminable et ce silence angoissant. Un cri d'oiseau nocturne nous fait involontairement frissonner, et puis, subitement, imprévue à force d'avoir été attendue, la fusée du signal jaillit dans le ciel, éclate et fulgure !

Cela n'a pas été long. Presque en même temps,

à la rumeur héroïque de nos moteurs poussés à
fond, nous nous précipitons dans le noir, d'un
même élan forcené.

Et nous allons ainsi vers notre destin. Au-
dessus de nos têtes le ciel est clair, mais la terre,
qui paraît descendue à d'infinies profondeurs, est
confuse. Nous allons cependant notre route, grâce
aux accidents visibles du terrain, et peu à peu,
à force d'attention concentrée, nous oublions l'a-
normal et l'imprévu de cette course nocturne,
comme s'il ne faisait plus nuit, mais seulement
une clarté spéciale, une autre espèce de jour.

Mais, presque aussitôt, cette impression cesse,
car de terre, des lueurs ont jailli qui ont déter-
miné les ténèbres ; petits points lumineux de la
fusillade, grosses flammes linéaires des canons,
éclairs en étoiles ou en comètes des projectiles,
c'est bientôt toute une fantasia ardente.

A leur tour, les projecteurs s'allument, qui ba-
layent l'espace de leurs pinceaux gesticulants.
Quelquefois leur rayon vient se briser contre un
de nos appareils, qui jaillit alors des ténèbres et
resplendit un moment, dans le ciel, comme un
astre. Alors les éclatements des obus se font plus
proches et nous bousculent à grands souffles. Il
faut monter.

Dix-huit cents mètres, dit l'altimètre : les lumières en bas s'estompent et s'entourent de halos rougeâtres.

Deux mille mètres : les projectiles sont impuissants à nous atteindre, mais le froid est atroce. En bas tout est confus, mais un relèvement pris sur des montagnes voisines nous permet de nous orienter. Notre premier objectif, la gare stratégique, est atteint.

*
* *

Un signe à notre passager, qui a la main sur le déclic des grenades : moment fugitif, émotion puissante! sur le point de déchaîner la tempête de nos canons tapis à la lisière du bois, en dépit de tout, un émoi nous serre à la gorge, puis, très vite, à notre allure de vertige, c'est l'action.

Notre première bombe éclate : c'est une grenade lumineuse ; un éblouissement extraordinairement intense fait palpiter l'espace ; nos deux autres avions se précisent un moment, lumineux sur le ciel noir, puis, quand nous voulons d'un regard acharné fouiller le sol, au-dessous de nous, tout s'engloutit dans une luminosité confuse, laiteuse, mais voilée comme une torche dans la fumée. Le même phénomène insolite se produit à l'éclatement des grenades de nos camarades ; alors nous comprenons qu'un brouillard s'est levé au ras du sol et qu'il monte.

Il monte, l'ennemi plus inexorable que la mitraille, et quand nous aurons fini notre bataille avec les hommes, nous devrons lutter avec lui...

Mais nos artilleurs ont vu le signal dans la brume. Et le diabolique concert commence. Pendant une heure nous allons naviguer dans cette atmosphère de cataclysme, secoués, bousculés, meurtris même ; dans un cauchemar d'éclairs, de foudre, de bruit épouvantable. Nous y mêlons les déflagrations plus grêles de nos bombes de bord, lâchées avec la plus soigneuse, la plus meurtrière, la plus attentive des parcimonies.

La ronde infernale continue dans la nuit.

Au-dessus des trajectoires croisées, parmi la tourmente des éclatements, nous allons, poussés par quelque chose de plus fort que la volonté.

Tout est supplice : le froid, la nuit, la rumeur voisine des projectiles et cette brume qui monte lentement.

Pourtant le désir, ni même l'idée d'échapper à toutes ces hostilités ne nous vient pas : car il faut que nous soyons résignés à l'inéluctable !

Dès le départ, le sacrifice est consenti. Alors

commence une vie machinale et terrible : maintenir son vol, remplir la consigne, résister à la fatigue et au froid, c'est la totalité de l'effort possible ; tout le reste est réflexe et machinal, au point que la manœuvre pour échapper à un danger imprévu, brutalement révélé, devient presque impossible.

Tout à l'heure, de retour au sol, cette heure longue d'énergie exacerbée nous paraîtra vide de souvenirs et de sensations.

Rien ne subsistera de ce moment intense qu'une impression de lassitude douloureuse, avec le désir tenace que cela finisse enfin !

Et pourtant toute faculté d'observation n'est pas abolie, elle est devenue involontaire ; des remarques s'imposent par la vivacité ou la répétition de certains phénomènes. Ainsi il nous souvient que le sommet des trajectoires des gros obus allemands est plus élevé que celui des nôtres et leur tir plus courbe. Un moment où nous étions descendus vers quatorze cents ou quinze cents mètres, nous avons frôlé la route d'un de ces projectiles. Quelle impression ! Subitement, couvrant le bruit du moteur et le ronflement de l'hélice, éclate dans l'espace une rumeur croissante, sibilante, grondante, avec un écho ferrailleur de locomotive qui patine sur ses rails, puis décroissante jusqu'à la déflagration. Clameur sinistre et désespérée qui sème de l'épouvante dans la nuit ! Le danger évité, d'un élan précipité nous remontons au-dessus de toute cette fureur déchaînée.

Maintenant nous apercevons une vaste tache rougeoyante qui s'étale et grandit peu à peu sur la mer des brumes inférieures. Notre premier but est atteint : la gare stratégique d'A... brûle.

Nous avons un moment de joie sauvage, puis nous replongeons dans le noir vers un embranchement de voie ferrée où sont garés des trains de grosse artillerie et de munitions. De nouveau c'est la recherche tâtonnante dans la double obscurité des ténèbres et des brumes, la poursuite gesticulante des projecteurs et les volées de mitraille.

De nouveau c'est, de notre côté, le jet des grenades lumineuses, puis des bombes. Mais, comme tout à l'heure, nous voyons nos lumières sombrer dans le brouillard, et les premiers obus de nos canons s'égarent. Jetant alors nos derniers projectiles, nous repartons vers nos lignes, d'un grand élan joyeux, car nos obus se rapprochent successivement de ce qui nous paraît être le but.

Alors, transportés de la double joie du labeur heureusement accompli et de la fin prochaine de cette heure interminable, nous allons vers le gîte ;

derrière nous et à droite en avant, du côté de l'horizon, continue le grand tumulte, mais nous n'en percevons plus le fracas. Seule la rumeur de notre course vertigineuse accompagne l'allégresse du retour, après notre évasion de cette géhenne !

Bientôt nous verrons scintiller les signaux de l'atterrissage, et nous fouillons des yeux l'horizon pour les apercevoir plus tôt.

Subitement un faisceau égaré de lumière aveuglante cisaille l'obscurité. Cette lueur errante nous impose la révélation d'un drame insoupçonné.

Nous voyons ; proies vives d'une angoisse aussi prompte que la vision, plus rapide que la pensée, nous voyons !

Un de nos grands biplans, blessé, vient au sol ; penché, ballottant, il descend la pente inexorable du planement forcé, son hélice immobile. Le passager, à demi dressé sous ses attaches, à demi tourné vers le moteur bloqué, nous apparaît ligoté par ses liens, raidi par l'épouvante, puis la lumière s'en va : tout sombre dans le noir.

D'instinct, le moteur coupé, je pique, comme un homme se jetterait au secours, et bientôt j'aperçois l'autre qui s'engloutit dans la mer de brume, puis rien !

Finie la joie du retour! Quand nous atterrissons enfin auprès des lumières amicales, la tempête de la canonnade continue, inlassable. Nous attendons le retour de ceux qui, peut-être, ne reviendront pas!

La nuit s'avance; le canon tonne toujours, là-bas, au fond de la plaine obscure. Autour de nous, dans le parc de l'escadrille, presque désert, c'est le calme nocturne. Nous attendons, dans l'anxiété, le retour de nos camarades, tandis que les instants se traînent, au grondement lointain de la bataille qui fait trembler le sol et palpiter la mer des brumes dans les vallées.

Enfin, presque surprenante à force d'avoir été désirée, attendue, éclate dans le ciel la rumeur d'un moteur puissant. Puis apparaissent, dans l'immensité noire, de petites lumières; c'est le signal de reconnaissance que l'aéroplane invisible allume sous ses ailes; nous y répondons en démasquant les feux de l'atterrissage, et presque aussitôt tout s'éteint dans le ciel et tout se tait.

Les instants passent, interminables. Lequel de nos amis va surgir de l'obscurité? Sa vue, brutalement, nous dira quel est celui qui gît, quelque part, dans l'inconnu de cette plaine obscure, au **milieu des épaves de son appareil!**

Puis, à l'improviste, et maintenant tout proche, recommence le fracas d'un moteur : aussitôt après le grand biplan jaillit de l'obscurité, court un instant au ras du sol, se pose et s'arrête.

Tous, d'un même mouvement, nous nous jetons en avant et nous courons sur la prairie vers celui de nos camarades qui a échappé au désastre. Lequel ! Oh ! l'anxiété des dernières secondes !

Tandis que nous courons ainsi, le pilote, déjà détaché, a sauté sur le sol ; il vient vers nous, engoncé dans ses fourrures, et balance son casque à bout de bras. Et tout d'un coup, comme il passe auprès d'un fanal, nous le reconnaissons. C'est F...

Il vient vers nous, d'un pas traînant, ignorant notre émoi et la signification terrible de sa présence, et nous ne pouvons nous tenir de lui crier, de loin, notre angoissante question. Sait-il quelque chose du troisième appareil de notre escadrille que nous avons vu sombrer dans les brumes ?

Non, il ne sait rien ; il a seulement aperçu, au commencement de l'action, à la lueur des grenades lumineuses, l'escadrille au complet, tournoyant au-dessus de la fournaise.

Mon récit ne l'émeut pas fortement ; le drame, **n'ayant pas déroulé devant ses yeux son intense** vision d'angoisse, rentre dans la série banale des pertes quotidiennes.

D'ailleurs, F... est à bout évidemment. Je vois à la lueur du fanal voisin la face livide, figée, la bouche crispée aux commissures abaissées, les yeux de stupeur d'un homme saturé d'efforts douloureux, à bout de nerfs. Il a, d'un âpre vouloir, d'une énergie forcenée, mené le labeur jusqu'aux limites de la résistance.

Maintenant, appliqué, concentré, lucide, il fait son rapport, que l'officier d'état-major va transmettre au colonel commandant les formations d'artillerie lourde, tandis que je me remets à supputer en moi-même les chances qui ont pu, logiquement, favoriser l'effort ultime du troisième avion pour échapper à la destruction. Devant mes yeux, repasse l'hallucination douloureuse, surgie des ténèbres à la faveur d'une lueur errante, au gré d'un destin mauvais. Malgré tout, je me reprends à quêter, dans le ciel vide, l'écho d'un retour improbable.

Les heures passent; il semble que l'aube ne viendra jamais.

Je voudrais dormir, échapper à cette lassitude, à cette insomnie et à cette obsession. Je m'affale le long des bâches d'un hangar, je reste là, sur ces toiles.

Maintenant, le fracas lointain de la canonnade s'est tu ; le silence pèse sur les champs. Après tant de tumulte et d'émotions, ce brouillard diaphane s'étend comme un apaisement, si calme, si paisible dans son immobilité qu'il m'en paraît mystérieux.

Et je succombe au sommeil.....

Une sensation de froid terrible me fait me dresser sur mes bâches, vacillant d'ankylose, de sommeil, frissonnant d'un effroi instinctif.

Il fait encore nuit ; le parc est désert ; rien n'émeut le silence formidable. Dans un ciel d'obscurité opaque, scintille, on ne sait par quel prodige, une étoile unique.

Bientôt ce sera l'aube ; des blancheurs se soupçonnent, se devinent vers l'orient. Une hérédité millénaire, des souvenirs confus de la petite enfance sèment partout des enchantements et des terreurs.

Mordu par le froid, à demi inconscient de fatigue et d'insomnie, j'ai perdu le souvenir de cette nuit si longue, et je vais, flageolant, à la recherche d'une présence humaine et d'un abri. L'instinct seul veille en moi. Tout le reste est aboli. Derrière des bâches tendues des hommes dorment autour d'un feu mourant. Une tentation animale me prend de me jeter dans ce repos parmi tant de sécurité et de quiétude.

Mais l'aube blanchit aux cieux, une rumeur d'activité en éveil chasse les fantômes crépusculaires ; des galops résonnent sur les routes, un chariot grince, des coqs chantent. Déjà groupés autour des appareils, les sapeurs s'activent parmi les appels et les cris ; l'éclat subit du fracas d'un moteur qu'on essaye a définitivement chassé le silence nocturne : c'est le jour.

Les ordres arrivent du quartier général.

Encore tout engourdis, nous prenons notre vol dans l'air vif et le soleil levant.

Nous allons : la campagne a repris son aspect de tous les jours ; au passage des mêmes vallées les mêmes remous nous bousculent.

Bientôt c'est, au-dessous de nous, le champ de bataille de la nuit dernière ; rien ne le désigne à nos yeux attentifs que des fumées d'incendie qui traînent.

Malgré les projectiles que nous envoie un ennemi encore voisin, nous constatons — et avec quelle joie sauvage ! — que la destruction des objectifs bombardés est totale : la gare d'A... brûle encore. Sur l'embranchement, d'informes décombres, au milieu d'un paysage bousculé, marquent seuls la place des trains d'artillerie lourde et de munitions.

Alors nous repartons vers nos lignes, et à l'allégresse de la victoire s'en ajoute une autre : nous retrouvons sain et sauf l'ami que nous croyions perdu.

Il est venu au sol dans la double obscurité de la nuit et des brumes, mais une manœuvre presque involontaire l'a déposé, brutalement il est vrai, au milieu d'une clairière, non loin de nos avant-postes. Lui est indemne. L'appareil est brisé.

Après tant d'émotions et de travaux, c'est l'allégresse finale, dans la paix d'un jour tout glorieux d'un soleil presque printanier.

XV

L'AUTRE ENNEMI

20 janvier 1915.

— Allô ! Allô ! les garçons, faites vite. Dépêchez ! Dépêchez !

L'officier anglais, frappant dans ses mains,
crie de toutes ses forces, au milieu de l'aérodrome. Il n'a gardé de son uniforme du « Royal
Flying Corps » qu'une casquette plate et porte
son casque à bout de bras, par la jugulaire.

Toute la tritesse de l'hiver humide, toute la
mélancolie des jours sombres pèse sur cet après-
midi pluvieuse, dans le petit aérodrome suburbain.

De grands biplans sont rangés en ligne, leurs
fuselages entourés de toiles qui flottent au vent
comme des haillons.

— Allô ! Allô ! les garçons.

Le capitaine anglais active la manœuvre d'une équipe de mécaniciens agrippés après un appareil tout neuf que l'on sort des ateliers. Impatiemment, la mine inquiète, l'officier regarde le ciel où roulent des nuées fuligineuses : il explique qu'il veut partir ce soir même pour le front, aussitôt terminée la réception de son appareil, et l'heure s'avance.

Enfin, tout est prêt ; la commission de recette met en place ses appareils enregistreurs, le chef pilote de la maison de construction prend les leviers en main, tandis que l'officier anglais s'installe à son poste de passager, puis le départ est donné ; le biplan, alourdi de toute sa charge réglementaire de combat, s'élève lentement.

Le voilà parti pour effectuer ses épreuves, avant de tenter la grande aventure des batailles. Cela est simple : monter à deux milles mètres en moins de ... minutes, puis faire un plané très allongé en coupant l'allumage à mille deux cents mètres d'altitude. Mais, — et c'est justement ce qui fait la grandeur de notre rude métier aérien, — toute l'angoisse du monde peut tenir dans ces quelques minutes d'un vol banal ; un déterminisme féroce nous guette, embusqué au tournant des heures, plus sournois, plus redoutable que

l'ennemi humain avec tous ses engins destruc-
teurs.

Maintenant, c'est notre tour de départ ; quotidiennement, du matin au crépuscule, nous recommençons ce labeur monotone et qui devien-
drait fastidieux sans les bourrasques hivernales
et la perpétuelle fantasmagorie des vents et des
nuées.

Dès le décollage, aujourd'hui, l'atmosphère se
révèle mauvaise et pleine d'embûches ; il nous
faut manœuvrer nez au vent pour éviter les remous et les obstacles, dans cet aérodrome trop
petit dont la cuvette est encore rétrécie par la
masse des hangars et des dirigeables, et par les
cheminées démesurées. A peine en l'air, les
grands souffles du suroît nous bousculent et nous
font dériver ; debout au vent, le moteur poussé,
braqué à fond à la montée, nous encaissons les
grandes rafales sans mollir, attentifs seulement
à l'altimètre et à la montre. Bientôt, nous perdons de la vitesse, nous gouvernons mal, les
commandes sont détendues et tout l'appareil oscille d'une aile à l'autre ; il faut rendre la main,
nous ne montons plus. Après quelques minutes
de vol horizontal, le moteur réglé à nouveau,
nous tentons derechef l'escalade. Vainement.
Nous ne réussissons pas à monter dans le temps

imposé par le marché ; il faut redescendre. D'un brusque virage, nous revenons sur l'aérodrome, dont la dérive nous avait éloignés, et au moment de plonger vers le sol, nous jetons un regard dans l'espace gris.

Tout là-haut, le grand biplan lutte contre les rafales, dans la lividité des brumes envahissantes. Péniblement il se débat et cherche à gagner de la hauteur ; nous le voyons se balancer un instant à grands coups d'ailerons, puis il pique et se met en plané, face au vent. A la pensée que l'officier anglais, si pressé, devra recommencer son épreuve tout comme nous, mon mécanicien se mit à rire, en prenant un air d'impatience comique, tandis que je commence à descendre prudemment, sans couper l'allumage.

Nous jetons un dernier regard à l'autre appareil, avant de nous absorber dans le soin de notre descente, rendue de plus en plus délicate par le mauvais temps qui s'aggrave.

Alors, subitement, nous voyons : proies vives de l'angoisse, horrifiés, nous voyons : le grand biplan, désemparé de son moteur, plane dans les rafales, l'hélice arrêtée ; il dérive dans le vent et jamais ne pourra revenir au-dessus de cet aérodrome trop petit. Plus loin, c'est la ville immense et ses maisons comme des écueils. Mais le pilote a la tête froide et un cœur de bronze ; d'un élan désespéré, il pique vers le sol, pour obtenir de la vitesse. Sans ce vent maudit, il pourrait atterrir, mais dans les rafales l'aéroplane continue sa dérive mortelle. Alors, dixième de seconde après centième de seconde, le destin mauvais lui distille cette épouvante ; et nous, figés, contractés, douloureux, nous ne pouvons éloigner nos regards de cette agonie. Je répète machinalement, inconsciemment dans ma stupeur : « Il ne rentrera pas, il ne rentrera pas ! »

Comme cela dure !... un moment d'espoir fabuleux : Sur le bord de la Seine, un petit espace libre apparaît. D'un élan fou, le pilote se jette vers ce salut. Il va atterrir. Non, une dernière rafale le soufflette, le bout de la cellule accroche, quelque chose d'informe est précipité hors de l'appareil, puis, très vite, tout s'abîme sur le sol et s'enflamme.

L'autre ennemi, le vent, le souffle éternel d'en haut, a vaincu. Le crépuscule d'hiver amasse ses ombres sur la ville, et les fumées traînent dans le vent, comme des draperies funèbres.

XVI

LE CHATIMENT

17 mars 1915.

Les grandes rafales mouillées se sont apaisées graduellement. Maintenant, c'est le calme profond qui précède l'aube. Le parc de l'escadrille est désert. Tout est silence ; une grande fraîcheur pénétrante s'étend sur ce pays gorgé d'eau.

Peu à peu une lueur mourante, venue on ne sait d'où, éclaire confusément les choses. Mais cette aube tellement livide et blafarde est impuissante à chasser les fantômes et l'hostilité de la grande nuit ; on n'a pas l'impression que le jour se lève et que le soleil luise quelque part, derrière les nuées amoncelées. Puis la lueur mourante, au lieu de croître, paraît s'affaiblir progressivement et tout sombre dans un brouillard feutré.

Ce sera encore une journée d'inaction pour les gens de l'air ; nous devrons traîner dans cette clarté funèbre l'ennui impitoyable qui, dès le premier matin, nous pèse aux épaules de tout son poids !

D'un pas traînant, les mains aux poches, nous suivons la chaussée défoncée qui mène au cantonnement proche ; on s'est battu par ici, les arbres ravagés et les grands entonnoirs creusés en terre par la déflagration des obus en témoignent.

Des maisons s'égrènent au long du chemin ; les unes, brûlées par les hommes, ont encore leurs murs debout, les autres sont rasées par l'œuvre des bombes. Quelques-unes sont déjà rafistolées et abritent quelque humble négoce. Puis c'est le village, en partie épargné, où règne une animation extraordinaire. Et tout de suite, comme pour narguer la tristesse qui pèse sur les ruines et les charniers, dans cette lueur sinistre des rires sonnent et des cris et des bruits de galopade parmi l'égouttement du brouillard tenace.

Cela est subit et d'un comique irrésistible. Un grand diable de zouave, insolite et presque indécent avec une culotte collante de velours noir,

court après une volaille en criant : « Mac'arel !
arrestalll'è ! » Ce zouave, face fine du Midi et
belle allure de cadet de Gascogne, n'oublie pas
sa prudence méridionale en cette extrémité et
hurle tout en courant : « Je l'ai payée, et bougre ! »
car le maraudage est sévèrement réprimé.

D'autres soldats se sont joints à la poursuite de
la bête qui fuit avec des allures d'échassier.
Bientôt on ne voit plus rien, mais on entend les
rires et les cris qu'ils sèment sur leur passage,
comme un sillage dans les brumes. Ce zouave
risible doit être quelque cuisinier d'un échelon
de l'arrière ; avec sa culotte de velours noir et sa
chéchia rouge, il excite la curiosité d'une section
de vieux soldats vêtus et coiffés de toile bleue qui
attendent, appuyés sur leurs fusils, devant une
petite porte délabrée. Ils ont un air d'attente
morne qui nous étonne, mais, subitement, nous
comprenons.

Un homme boueux, hérissé, hagard, vient de
surgir de la petite porte, entre deux gendarmes ;
c'est un espion que l'on mène au supplice.

Humble face désespérée, il n'attire même pas
cette sorte de considération que l'on accorde,
comme à un animal très dangereux, à ces espions
de grande allure qui font tête jusqu'au poteau et
que l'on sent implacables et terribles ; celui-ci,

humble judas au rabais, a été pris au moment
où il accomplissait, pour quelques deniers,
quelque ignoble besogne. Pas même immonde,
mais angoissant, il a les traits figés dans une face
livide, des yeux de stupeur et d'insondable épouvante. Figure contractée et mâchoires tremblot-
tantes, il a l'air de grelotter d'on ne sait quel
innommable rire !

On lui rabat sur les yeux sa casquette boueuse
et on noue par-dessus un mouchoir en bandeau.
Puis les gendarmes le jettent, étroitement ligotté,
dans une voiture régimentaire de corvée.

Quelque chose de plus fort que la volonté nous
pousse, en dépit de nous-mêmes, à la suite de ce
cortège sinistre.

Maintenant, l'homme est à genoux le long
d'un mur du cimetière ; les gendarmes et l'officier de la prévôté s'écartent, les dernières forma-
lités accomplies en hâte. En avant, le peloton
d'exécution est rangé, les yeux fixés sur l'adjudant qui commande. Une lumière de rêve, funèbre
et mouillée, tombe des brumes amoncelées.

L'homme est à genoux, les yeux bandés, les
mains liées au dos ; il porte autour du cou une
de ces humbles cravates paysannes avec un nœud
soigné et maladroit. Cela est émouvant de voir
cet homme haillonneux et couvert de boue qui,

dans cette agonie, a fait cet humble nœud, soigneusement!...

Tout d'un coup, un projectile errant passe dans le ciel en semant dans les brumes sa clameur désespérée. Comme à un signal, l'espion s'affaisse sur lui-même et se met à gémir. C'est comme un râle spasmodique qui secoue cette loque effondrée, et cela est horrible.

Nous qui avons jeté dans la mitraille, poil rebroussé, chair pantelante, notre carcasse révoltée, nous ne pouvons tenir à ce spectacle et nous tournons la tête jusqu'au moment de la fusillade libératrice.

Puis, c'est l'écœurement du coup de grâce : un sergent s'approche, fouille les loques sanglantes du bout de son fusil, et fait éclater le crâne d'une balle dans l'oreille.

De tous les tableaux de cette guerre atroce, en est-il de plus horrifiant que cette mise à mort, en cette aube sinistre, de cette loque humaine, affaissée et hoquetante!

Vite, qu'un essor dans le ciel, à grandes ailes et à plein cœur, vienne laver nos yeux de cette souillure et purifier notre âme de cette horreur!

XVII

PENDANT UNE OFFENSIVE

27 septembre 1915.

Le grand tumulte d'artillerie s'est déchaîné. Le matin, à la petite aube, en survolant nos lignes, à grande altitude, nous avons vu une aurore insolite illuminer nos positions, à travers les fumées et les brouillards. La véritable aurore, avec sa timide lumière, à peine teintée de rose pâle et de jaune mourant, luisant à peine à l'extrême horizon, dans un ciel paisible, était éclipsée par le flamboiement du sol, dans cette zone d'épouvante.

Dans notre aérodrome, c'est l'affairement joyeux des matins; à tout instant des aéroplanes atter-

rissent ou s'envolent et tandis que nous suivons
d'un œil distrait cette animation ordonnée et paisible, une escadrille de grands biplans étrangers
à notre formation apparaît très haut dans le ciel.
Ils tournoient un instant, planent et se posent.
Nous accourons vers eux. Quelles nouvelles?

Aucune, sinon que le bombardement sévit sur
tous les fronts, qu'il y a un courant extrêmement
froid au-dessus de deux mille mètres et qu'ils
ont reçu l'ordre de gagner notre centre pour y
attendre une nouvelle consigne.

Presque aussitôt une puissante rumeur secoue
les échos et une nouvelle escadrille paraît au
zénith.

Alors nous comprenons qu'une grande offensive
aérienne va se déclancher et que nous allons vivre
de nouveau les fortes minutes du combat, dans
la puissance des émotions frénétiques.

La journée s'écoule dans l'attente. Jusqu'au
soir, incessamment, de nouvelles escadrilles de
grands biplans prennent terre, et cela est impressionnant, cette ruée des grands oiseaux offensifs
qui accourent de tous les horizons.

Puis vient le crépuscule automnal, hâtif, froid
et si mélancolique. De lourdes nuées livides
roulent lentement dans le ciel assombri ; en
même temps que l'ombre gagne, un silence pe-

sant couvre peu à peu la campagne déserte ; alors on perçoit comme un gémissement qui monte de la terre et une rumeur basse qui voyage lentement dans le ciel crépusculaire. Cela est grave, lent, à peine perceptible, et pourtant sinistre. C'est l'écho de la bataille lointaine !

Puis, de nouveau, couvrant tous les bruits, éclate en plein ciel une fanfare de moteurs. Encore une escadrille attardée qui accourt au rendez-vous et vient atterrir au pied des signaux lumineux.

Dans l'obscurité déserte commence la veillée des armes ; le grand silence est troublé à peine par la rumeur sinistre de la bataille lointaine, au gré d'insensibles rafales.

Enfin, les ordres arrivent et nous regagnons nos cantonnements.

Bien avant l'aube, dans l'humidité de cette nuit d'automne, nous nous entassons dans l'automobile surchargée qui nous conduit à l'aérodrome.

Il ne fait pas encore jour, et dans le ciel nuageux brillent quelques rares étoiles ; mais une grande activité anime l'ombre. Autour des appareils, c'est un grouillement confus, parmi les luisances de quelques rares lumières tremblotantes ; par instants s'élève un vrai tumulte de cris, de cliquetis métallique, d'appels des aviateurs à la recherche de leur appareil perdu dans cette multitude ; les autos ronflent ; quelque moteur qu'on essaie égrène sa fusillade.

Nous n'avons pas le loisir, parmi cette activité, de nous abandonner à l'émotion d'avant le départ pour le combat ; nous sommes absorbés, mon bombardier et moi, par la recherche de notre appareil et l'inspection minutieuse de ses organes et des projectiles.

L'aube nous surprend, dont la pâleur confuse s'étend peu à peu dans l'amas de nuages qui roulent dans le ciel calme. Puis, une lueur livide borde l'extrême horizon, et peu à peu l'émouvante clarté du petit jour se diffuse dans l'air immobile !

Plus de ... avions sont rangés de ce côté de l'aérodrome, prêts à prendre leur essor. Déjà, à l'autre bout, vers les hangars, se succèdent les départs isolés des petits appareils d'observation qui, après trois bonds sur l'herbe, s'enlèvent tout à coup d'un élan presque vertical et s'en vont, de leur allure vertigineuse, vers l'accomplissement de leur labeur quotidien.

Quelques-uns aussi reviennent, qui ont rôdé toute la nuit dans les ténèbres, traqués par les projecteurs, pourchassés par les volées de mitraille, au-dessus de la formidable fantasmagorie du bombardement. Ceux-là reviennent, ayant vécu leur nuit d'efforts et d'angoisses. Combien parmi nous — qui nous préparons fébrilement au départ — ne reviendront pas ?

Les derniers préparatifs s'achèvent dans le jour grandissant. Absorbé par leur souci, j'aperçois à peine les signaux et je suis presque surpris par le départ de la première section dont tous les moteurs se mettent à tourner subitement !

C'est la grande minute ! Un dernier coup d'œil et je m'installe, la tête sous le trépied de la mitrailleuse ; derrière moi, un peu surélevé, prend place mon bombardier, et déjà j'entends crier le sapeur pendu à mon hélice parmi le tonnerre déchaîné par le moteur voisin. Alors, les derniers instants passent très vite. Surpris par le départ de mon « matelot de tribord » comme on dit en marine, je donne le contact, mais le tumulte est tel que c'est à peine si je distingue le son de mon propre moteur.

A mon signal, l'appareil lâché se met à courir sur l'herbe — mais le départ est mou — péniblement mon équilibreur quitte le sol et quand je tire sur mon levier, à la troisième tentative seulement, l'appareil s'envole lourdement.

En vain, le moteur est poussé à plein gaz : je

suis tangent ; il faut descendre, et pour cela, virer de bord, ce qui est délicat, cabré comme je suis et si près du sol ! A peine ai-je actionné le palonnier de direction, prêt à redresser au gauchissement en cas de glissade, que je vois un petit parasol prendre son essor et venir droit sur moi. Instinctivement, je coupe au risque de m'affaler, mais le petit monoplan désinvolte et léger, m'a franchi d'un bond vertical. Au passage, il m'envoie un salut ironique, singeant, avec ses bras, mon vol pesant, assis sur ma queue. Quel mauvais départ, un jour de bataille !

Enfin, le moteur revu, nous reprenons notre essor. Par un, par deux, presque tous nos camarades sont partis, et cela est vraiment grandiose cette envolée innombrable : le ciel est peuplé d'ailes rigides et le tonnerre des moteurs emplit l'espace !

Maintenant, nous naviguons à petite altitude, dans la lumière croissante de ce terne matin. Les nuages, très haut, laissent tomber sur le sol une lumière diffuse, mais nette, qui éclaire un invraisemblable grouillement d'hommes et de chariots sur toutes les routes. Mais, à mesure que nous approchons du front, tout se terre, se dissimule, disparaît.

A la suite de notre chef de file, nous abordons

bientôt les lignes de feu. De là-haut, nous n'apercevons guère que des îlots de fumée voguant lentement sur la terre confuse. De-ci, de-là, brillent de grandes flammes linéaires rapides, vives et nettes ; d'autres, plus diffuses, luisent comme un globe de feu au milieu de la fumée. Quelques incendies déroulent dans le vent une longue traîne de fumée lourde. De grands nuages compacts se mettent à dériver lentement sur le sol, laissant apparaître des blessures blanchâtres.

Presque aussitôt, nous recevons les premières bordées de l'artillerie ennemie. Cela est subit et tout proche ; autour de nos appareils, l'air se peuple de petits nuages compacts qui succèdent à une flamme subite. De grands souffles suivent, qui peuplent l'air de remous rageurs. Parfois, un tonnerre d'explosions couvre le bruit des moteurs et résonne en nous-mêmes comme si nous recevions des coups sur le ventre.

Nous allons parmi cette tempête et, au-dessous de nous, parmi les flammes et les fumées, apparaissent confusément les ouvrages défensifs ennemis, dessinant en blanc sale ou en lignes obscures leurs contours géométriques sur un sol indistinct.

Nous allons... et, peu à peu, il semble que le tumulte s'apaise. Nous ne recevons plus que de rares volées d'obus ; en bas, vers l'arrière de l'ennemi, toute vie s'arrête à notre approche et tout semble désert. Quelques incendies solitaires brûlent lentement.

Puis, subitement, apparaissent à nos yeux, presque invisibles à l'horizon, une gare, des trains qui fument et, plus loin, un amas confus de constructions. Avant que nous ayons pu repérer cet objectif, nous voyons notre section de tête venir en grand sur sa gauche et plonger. Aussitôt, des flammes jaillissent de l'amas de constructions et un énorme champignon de fumée noirâtre s'élève et se met à dériver lentement dans le vent.

Puis, très vite, les événements se succèdent. Arrivés à notre tour sur l'amas des flammes et des fumées, nous lâchons nos projectiles ; mais nous n'avons pas le loisir de renouveler l'attaque. Aspirés par un formidale appel d'air, bousculés par des remous indomptables, nous tombons d'une aile sur l'autre et nous tanguons, impuissants à dominer cette tempête. De nouveau, les projectiles recommencent à éclater dans notre voisinage immédiat, mais cette présence émouvante ne saurait ajouter à notre angoisse.

Sitôt reprise la maîtrise de mon appareil, d'un virage brusque, je reviens sur l'objectif et c'est de nouveau le jet des projectiles, et la danse effarante dans les remous.

Enfin, c'est fini ! Quelle joie de la tâche heureusement accomplie ! Déjà, notre guide de file, ses signaux au vent, nous précède vers le retour. Les vaines volées de shrapnells accompagnent notre retraite à grande hauteur.

Puis, c'est de nouveau la zone infernale, au-dessus de la bataille, parmi les explosions et les grands souffles. Mais rien ne nous arrête plus et nous rentrons bientôt pour apprendre en même temps la victoire des nôtres (que nous avons survolée sans la voir), et une nouvelle offensive aérienne pour cette nuit. Bravo, tout va bien !

XVIII

LE KAMELOT

26 octobre 1915.

— Hé! Kamelot, on te fait concurrence!

Julien H..., toujours hilare et goguenard, à son habitude, salue ainsi amicalement le pilote Jean T... qui cause avec moi devant les hangars, puis, agitant un journal à bout de bras, il s'éloigne en criant : « L'*Intran-Is-Sport*. »

Mon ami répond à Julien qui s'éloigne à grands pas dans l'herbe mouillée : « Tu as des dispositions! Ce sera bientôt ton tour de faire le kamelot aérien! » et se tournant vers moi, il ajoute :

— Ils m'ont ainsi surnommé depuis que j'ai été désigné pour aller distribuer des journaux français, par la voie des airs, aux gens de B..., en dépit des Allemands, que cela met en fureur.

Maintenant, beaucoup d'autres remplissent la même tâche — qui est en somme assez aisée à mener à bien, mais qui m'a valu de puissantes émotions.

Puis il reste un moment rêveur.

Il fait à peine jour; une aube sinistre, toute engluée de vapeurs molles, éclaire confusément le parc aviatique. Par instants, un appareil s'envole, au bruit assourdi de son moteur, puis disparaît dans ces brumes funèbres. Peu après il revient atterrir, tout ruisselant d'eau, avec son moteur fumant.

Et, dans ce demi-jour insolite de l'hostilité glaciale de cette humidité répandue, dans l'inaction et l'attente, j'écoute la voie paisible de mon ami, qui évoque sans émoi les minutes d'angoisse :

— Un samedi soir, il y a quelques temps, quand j'étais chargé de transporter le « zèbre » du service des renseignements, je fus appelé, sitôt pris terre, par le chef de la formation, dont l'autorité directe s'exerce sur les missionnaires et les isolés ne faisant pas partie d'une escadrille.

Il me mit au courant de ce que je devais faire le lendemain, dimanche : aller jeter à B... des paquets de journaux. Et sans plus tarder il vint avec moi surveiller l'arrimage dans mon appareil des paquets tout préparés ; il y avait là notre *Petit Parisien*, naturellement, le *Temps,* le *Journal,* d'autres encore.

Mes instructions reçues, je regagnai le cantonnement, en toute tranquillité, quand une idée me vint. Je me glissai, en fraude, jusque chez la mère Papelard, où je fis, à la stupéfaction de la bonne femme, une rafle de tous ses journaux de modes. (Cette papetière pour soldats possède des journaux de mode ! A qui diable peut-elle les vendre ? Il y a si peu de femmes dans les environs !)

Rentré chez moi, je me mis à écrire en travers de la première page de mes publications, quelque chose dans ce goût :

« Femmes de B..., nos sœurs très chères, si vous portez dans votre cœur douloureux le deuil de la Patrie crucifiée, que l'ennemi n'ait pas la joie mauvaise de l'apercevoir.

« Que votre grâce, votre fine élégance, l'art sobre et délicat de votre mise soit une injure permanente à la lourdeur teutonne. »

Le dimanche, dès le petit matin, nous sommes à l'aérodrome et, subrepticement, je cache mes journaux de mode sous mon siège. Heureusement, car, après un vol d'essai, le commandant, trouvant mon parasol trop chargé, fait mettre à terre une partie de mes paquets.

J'aurais voulu partir tout de suite pour faire ma distribution glorieusement, au soleil de midi; mais les ordres sont formels : depuis que les ennemis ont placé par là des hangars à dirigeables, la route est formidablement défendue. Je devrai donc attendre le crépuscule.

Cependant, comme une légère brume, toute dorée de soleil, commence à flotter dans les bas-fonds et s'étend peu à peu, le commandant me laisse partir vers deux heures, avec ordre exprès d'atterrir en cas d'éclaircie pour attendre l'heure propice.

Le commandant parle encore que, le moteur lancé à plein gaz, je m'enlève d'un essor presque vertical, après trois bonds sur l'herbe. Et je cours droit au Nord à bonne allure, au-dessus de la mer des nuées diaphanes, toutes dorées de soleil. D'en bas, je dois être presque invisible et, moi-même, c'est à peine si je puis distinguer de temps en temps quelque repère un peu apparent, parmi la confusion des bas-fonds brumeux. Parfois de grosses fumées s'amassent en nuages difformes qui stagnent sur place; il n'y a aucun vent, aussi au voisinage de la ligne de feu j'accentue ma montée et je me fie entièrement à ma boussole.

Je vais ainsi grand train vers mon but, sans rien voir, dans le désert des cieux et des nuées; quelquefois les Allemands, au bruit de mon moteur, envoient quelques volées de mitraille contre mon invisible avion.

Puis, sans autre incident que la rencontre d'un albatros, qui passe, fantomatique et fugace, sans m'apercevoir, j'arrive près du but.

C'est le bon moment! Prudemment, le moteur coupé, je descends de mes deux mille cinq cents mètres pour m'orienter et, peu après, je reconnais la ville, en même temps que je reçois les premiers fusants.

Les gaz remis, je plane à bonne hauteur, et sur la ville, qui m'apparaît confusément, je laisse tomber mes premiers paquets. Ils sont liés de manière à ne s'éparpiller qu'après un moment de chute, pour éviter que les remous ne les rejettent en désordre contre l'appareil, aussi vois-je disparaître complètement le minuscule paquet aussitôt lancé — et cela me déçoit. Depuis un instant, la canonnade s'est espacée; quelque chose de déraisonnable, mais plus fort que toute prudence, me pousse à descendre pour voir et, sans réflexion, je coupe le moteur et je descends,

en plane, vers la ville. Elle monte vers moi —
dans un vertige ! Maintenant, je vois mes journaux prendre leur vol et, quand je jette le dernier, mon paquet de publications de mode, pué-
rilement, des deux mains, à plein cœur, je sème
des baisers sur la ville captive.

C'est alors que, dans le silence relatif du vol
plané, je perçois la fusillade dirigée contre moi,
venant s'ajouter à la canonnade espacée. Rapidement, je remets le moteur pour m'évader de
cette zone infernale, et c'est alors que, subitement, l'angoisse me saisit à la gorge !

A mon geste, le moteur n'a pas repris, et je
descends, je descends au-devant de la mitraille.
D'un effort désespéré, je fais un sursaut de réflexion ; c'est épouvantable cette sensation que
les événements vont plus vite que la pensée,
alors que la vie, toute la vie est accrochée à
quelques dixièmes de secondes. L'instinct impérieux me commande de regarder en bas pour
choisir un atterrissage : les toits, la chute, la
captivité, la mort. La raison vacillante veut que,
de toute mon intelligence, je cherche à faire repartir le moteur : la descente, la mitraille, la
mort ! Les mots sont lents, et lourds, et froids,
pour raconter ces secondes éternelles ; l'indécision ne dure qu'un temps infime et une sueur

d'agonie me colle aux reins : d'instinct, avec la promptitude merveilleuse et précise des gestes sauveurs, j'ai recommencé méthodiquement les mouvements habituels de la mise en marche, et alors que, presque fou de désespoir, je voyais mon hélice ralentir et presque s'immobiliser — arrêt de mort — la musique du moteur recommence, allègre, puissante, résurrectrice.

Que te dirais-je de plus? La mitraille, la nuit qui vient, la brume, les projecteurs qui me pourchassent jusqu'à l'horizon, tout cela n'est rien. Dans la joie, tous les obstacles sont vaincus.

XIX

LE STRATAGÈME

8 novembre 1915.

Depuis la grande ruée de septembre, aux
trousses des ennemis en retraite, notre parc aviatique n'a pas été déplacé. Il s'est seulement
développé progressivement : aux quelques Bes-
sonnaux du début est venue s'ajouter une file
hétérogène et disparate de hangars de tous sys-
tèmes.

Il y a aussi une grande diversité parmi les
appareils qu'ils abritent. A part des escadrilles
récentes et homogènes, il y a là de vieux serviteurs qui ont fait toute la campagne. Radoubés,
« rapetassés », poussés à petite allure par leur
70 HP un peu asthmatique, ils vont honnètement

leur petit train, et le groupe d'artillerie lourde qu'ils servent en fait ses choux gras.

Parmi ces vieux serviteurs, un petit biplan *C* est fameux dans tout le secteur. Certes, son honnête rotatif de 80 chevaux n'en fait pas un foudre de vitesse, mais on n'a jamais vu bourrasque ou tempête capable de l'intimider. Mené par son pilote, le petit S..., alors qu'aucun autre appareil n'ose risquer un aileron hors du hangar, on le voit tortiller ses ailes souples dans les rafales et gauchir sa queue, comme un pigeon qui vire dans le vent.

Quand S... rentre de béatitude (on appelle ainsi les jours de repos hors le cantonnement) avec la « bouche indurée » et le « cheveu souffrant », il ne manque jamais, en prenant son vol, de faire un triple looping pour se « remettre le cœur en place ».

La vie s'écoulait au centre, laborieuse et monotone, quand, un beau soir de la semaine dernière, on vit apparaître au zénith un mastodonte prussien : biplan énorme, deux moteurs de 200 HP, quatre hommes à bord et deux mitrailleuses ; au total, appareil dangereux et rapide. Le premier des vieux serviteurs qui l'aperçut se jeta dessus ; mais la lutte était vraiment trop inégale...

Cependant, confiants dans la fortune des audacieux, dans le hasard d'une balle heureuse, séduits par la gloire attachée à une telle victoire, d'autres tentèrent l'aventure ; au point qu'un ordre vint du commandement supérieur d'avoir à refuser le combat et à se mettre sous la protection du canon, sitôt le prussien signalé. Confidentiellement, devant nos mines déconfites, on annonça l'arrivée prochaine, de Paris, d'un engin puissant conduit par un pilote fameux qui, luttant à armes égales, nous débarrasserait du prussien.

Dès lors, ce fut, dans le parc, le désespoir et la rage quand on voyait le 420 HP (ainsi était désigné le monstre) passer, dédaigneux, hors de la portée des canons et vaquer paisiblement à ses reconnaissances.

La rage atteignait peu à peu au frénétique, et rien ne venait de Paris.

Mais, un soir, au crépuscule, alors que, tous les appareils rentrés, la désolation nocturne envahissait le parc désert, une fanfare de moteur sonna, héroïque, dans l'espace vide, puis se tut. Mais tout le monde avait reconnu le son spécial du moteur du monoplan de J. P... Puis, au ras du sol, la fanfare héroïque éclata de nouveau, et l'on vit enfin sortir de l'obscurité le monoplan fameux qui venait en roulant, à petits coups de moteur, jusqu'aux hangars. Là, le pilote descend, fait rentrer son appareil, l'enferme et s'en va sans rien dire. Le lendemain, au petit matin, plus tôt que quiconque, J. P... prend son essor ; avant que l'aube indécise dessine sur l'herbe rose l'ombre des hangars, il disparaît dans les nuages.

Puis, quand le mastodonte prussien apparaît, à son heure habituelle, très haut dans le ciel, J. P... lui tombe littéralement dessus, au bruit formidable du moteur sonnant une charge héroïque.

L'autre, comme stupéfait, hésite un instant ; quand la mitrailleuse de notre camarade commence à claquer, il fait front un instant, riposte, puis, reconnaissant un ennemi aussi rapide et plus maniable que lui-même, vire de bord et refuse le combat, poursuivi par les huées de nos hommes et les volées de mitraille. Deux fois dans la journée il tente le passage, deux fois J. P... fond sur lui du haut du ciel, et deux fois le mastodonte refuse la bataille.

Au camp, nous sommes partagés entre la joie et la déception. J. P..., lui, impassible à son ordinaire, descend, puis, sans mot dire, va s'enfermer avec le commandant du centre. Au bout d'un instant, ils envoient un sapeur à la recherche du petit S..., qui court les nues à son habitude; le parc s'emplit de clameurs, et quand S..., rappelé par signaux aux quatre horizons, prend enfin terre, il court rejoindre le chef et J. P..., s'enferme avec eux et ne reparaît point. La nuit vient; en dépit de toute curiosité, nous regagnons les cantonnements sans rien savoir de ce qui s'est tramé dans le mystère de ce conciliabule.

Maintenant, c'est une aube aigre, après une nuit de vent et d'ondées. Des nuées lourdes courent grand train dans le ciel, parmi les rafales d'un suroît mouillé et pesant. Dans le petit jour indécis, éclate en fanfare le moteur du monoplan de J. P..., qui s'élance dans un essor vertical et disparaît dans la confusion d'un ciel bousculé.

Quelques instants après, le petit biplan de S... s'envole à son tour; aussitôt quitté le sol, il commence à danser dans les rafales et son essor n'a rien de foudroyant. Enfin, il disparaît dans les nuages.

Avec mon observateur, nous causons paisiblement devant les hangars, attendant des ordres, tandis que, peu à peu, cette matinée s'écoule, un peu lente dans l'inaction, un peu mélancolique dans toute cette humidité automnale répandue.

Et, tout d'un coup, résonne, dans les brumes

lourdes brassées par le vent, le bourdonnement
du rotatif de S..., mais le bourdonnement un peu
saccadé et rageur d'un moteur poussé à plein
gaz, et bientôt, dans une éclaircie, nous voyons
le petit biplan qui fuit éperdument; derrière lui,
le 420 apparaît bientôt. Mais pourquoi S... ne
descend-il pas dans la zone de protection des canons?

Presque aussitôt, le prussien, qui gagne de vitesse, commence à tirer. Par quelle imprudence
ce pauvre S... s'est-il laissé approcher? Il est
perdu! En effet, il ballotte un instant, puis commence à tomber, en feuille morte. Vainement,
pour le sauver, les artilleurs ouvrent le feu :
l'autre est trop haut. Comme surpris de sa victoire rapide, il s'immobilise un instant, braqué
au vent, et continue de tirer, avec une carabine,
contre notre pauvre camarade qui vient au sol,
ballotté au gré des rafales. Mais il y a vraiment
trop d'art dans cette chute; le Boche peut s'y
tromper, nous pas; nous reconnaissons, à la per-
fection du jeu, et avec quelle joie après l'angoisse, l'acrobatie familière de notre cher petit
S..., et, tout d'un coup, trépignant d'une allégresse délirante, nous comprenons.

Tandis que le Boche, dans sa rage aveugle,
s'acharne contre le vaincu, au-dessus de lui, dans

les nuages, éclate le double tonnerre du moteur et de la mitrailleuse de J. P...

Et nous voyons le petit monoplan, d'un élan forcené, fondre sur le monstre. Lui aussi a compris, mais trop tard!... Obligé de regagner de la hauteur pour échapper au canon et de fuir l'attaque frénétique de notre héros fraternel, il a un moment de lourde indécision. Puis, très vite, c'est la fin : le Boche oscille pesamment, pique du nez, s'enflamme et vient au sol.

Soudain, assagi et comme calmé après ce tumulte, J. P... coupe son moteur, tourne autour du vaincu, à grandes orbes lentes, comme pour s'assurer de sa victoire, puis remet les gaz et disparaît dans le ciel d'automne, tout bousculé de rafales.

Le petit S..., auquel nous ne pensions plus, empoignés par le tragique de la lutte, revient, lui aussi, rôder sur le lieu du combat. Quand il en a paisiblement constaté le résultat, tranquillement, posément, si l'on peut dire, il manifeste son entière satisfaction par un triple looping.

XX

LA VISITE DE NOËL

Décembre 1915.

Cette nuit de Noël, froide, calme, étoilée, va bientôt finir. Une lueur indécise laisse deviner, au bout de la route gelée, la grâce française d'un château, au milieu de la débandade des masures éparses du village. Tout est obscur, silencieux et désert.

Quelques tours de roues, deux appels de trompe et notre automobile vient s'arrêter au bas d'un perron à balustres ; alors nous voyons clignoter des lumières derrière les vitres, tandis qu'une rumeur d'activité résonne dans les communs. La vie douloureuse de tous les jours a déjà recommencé après l'illusoire repos nocturne, car le château gracieux est un hôpital : les souffrances et les agonies y remplissent le temps ralenti, interminable !

Dès l'entrée, une angoisse nous saisit ; il flotte, le long des corridors lugubres, à peine éclairés, comme une odeur de souffrance et de mort.

Près d'une porte close, une grande clameur nous arrête, horrifiés ; puis ce sont des plaintes, des mots criés d'une voix non humaine, des sanglots enfantins ou des jurons inarticulés, puis encore la grande clameur désespérée qui perce la muraille et emplit la maison.

Une voix pitoyable s'élève alors dans la demi-obscurité qui dit : Pitié !

Tous les jours, au moment du pansement, cette torture se renouvelle ; ce pauvre officier, tout jeune, dont la moitié de la figure a été emportée par un éclat d'obus, s'accroche désespérément à la vie.

Nous reconnaissons alors, spectrale sous le vol de la cornette toute blanche, avec la tache sanglante de la Légion d'honneur sur la poitrine, la vénérable supérieure de l'hôpital. Comme se parlant à elle-même, la mère spirituelle dit :

— Avant de commencer le labeur quotidien, je vais porter aux pieds du Consolateur ma gerbe des douleurs nocturnes, mon bouquet sanglant des souffrances et des agonies. Quelle offrande ! Et je prie pour que le mérite de ces sacrifices se répande en bénédictions sur notre France crucifiée. Et je prie pour que ne sorte pas la malédiction qui monte de mon cœur maternel à mes lèvres.

Deux larmes lentes descendent sur la face douloureuse, tandis que nous fuyons l'horreur de ces plaintes déchirantes, sans demander, dans notre hâte et notre émoi, où se trouve la chambre de notre camarade H..., pilote foudroyé, que nous venons visiter dans cette géhenne.

Nous allons, dans ce dédale de galeries et d'escaliers, poursuivis par la rumeur douloureuse, avec seulement le souci de nous éloigner, d'échapper à cette obsession.

Maintenant, nous arrivons dans une aile en retrait, où tout repose encore. Le calme de la nuit finissante nous paraît plus complet et le silence plus paisible.

Par une porte mi-ouverte, une voix nous arrive, d'un timbre viril, mais presque enfantine par l'expression :

— Ah ! ma sœur, les beaux matins de Noël de mon enfance ! Le réveil parmi l'agitation heureuse de la maison tout emplie du crépitement des grands feux de bois dans les cheminées, le soleil jaune dans le jardin gelé, la fantasmagorie du givre aux carreaux, les cloches qui chantent dans le ciel pâle ; tout, jusqu'au parfum des bon-

bons et l'odeur des belles chromos multicolores qui ornent les livres d'étrennes...

Alors nous entrons dans cette chambre, guidés par cette voix à peine reconnaissable et qui est celle de notre ami.

Il est là, sur son lit de douleur, tellement bridé, ligoté, serré dans les bandelettes de ses pansements, qu'il donne une impression de cadavre rigide. Seuls, dans une face terreuse, les yeux vivent. Et de quelle vie hagarde et douloureuse ! Il semble que d'avoir cillé un moment devant la grande épouvante, ils aient gardé comme une stupeur effarée.

Et tout de suite, à notre prière, de ses lèvres parcheminées découvrant de pauvres dents jaunes et comme desséchées, notre ami raconte :

— Depuis le petit matin, nous rôdons dans les nuages au-dessus de l'ennemi. Deux autres biplans naviguent de conserve avec moi.

« Le temps est inégal, plein d'embûches ; tantôt, de grands nuages nous ensevelissent ; tout devient alors obscur et le monde extérieur s'abolit. Puis, subitement, le voile se déchire et le sol réapparaît ; mais pendant ces alternatives de jour et d'ombre, nous avons perdu le contact, et maintenant j'erre, isolé, perdu sur une campagne **inconnue et déserte.**

« Vainement, je cherche à m'orienter, à identifier quelque accident de terrain connu, quelque village ami. Les intervalles de clarté sont trop brefs et trop fugaces ; je retombe aussitôt dans le noir, parmi l'ensevelissement des nuées féroces. Prudemment, je cherche à me dégager de cette étreinte en descendant progressivement. Mais il semble que je traîne ce suaire derrière moi, inexorablement.

« Puis, d'un coup, les événements se précipitent : le moteur « cafouille » un instant, ralentit et s'arrête. L'angoisse me prend à la gorge, dans l'inconnu sinistre où je suis précipité en aveugle. Tout de suite j'ai l'impression de l'irréparable, en dépit des possibilités heureuses ; sans espoir, je m'évertue, avec une précision machinale, à faire agir les commandes de mon moteur.

« Et je vais, ainsi planant dans la brume, vers quel abîme ? D'un seul coup, à l'improviste, je sors des nuages — comme on s'éveille d'un rêve — mais quel rêve ! et quel réveil !

« Au-dessous de moi, une forêt rousse emplit l'horizon ; d'un vol plané inéluctable, je sombre vers cette immensité hostile.

« Alors, dixième de seconde, après centième de seconde. Le Destin mauvais me distille cette épouvante, jusqu'à l'anéantissement du coma. »

XXI

LE COMBAT

2 janvier 1916.

Tout d'un coup, vers minuit, le temps a changé; la brise a tourné de plus d'un quart; les nuées fuligineuses qui, depuis des jours et des jours, roulaient sur ces terres basses au gré d'un suroît humide, se sont allégées, effilochées, puis dissoutes. Maintenant, il fait un ciel de velours sombre, ponctué du scintillement vif des étoiles.

Un grand calme impressionnant s'étend sur la campagne mouillée, où le silence plane dans l'air immobile; par degrés le froid augmente et il semble que toute vie s'éteigne peu à peu dans ces ténèbres glacées.

Le parc de l'escadrille est désert. Les heures

passent. Soudain, bien avant l'aube, se déchaîne
la tempête lointaine de la grosse artillerie. A
l'instant le parc s'anime : des lumières courent,
des voix s'élèvent, les phares trouent l'obscurité
à grands éclats de leurs flammes d'acétylène.
Parfois, au signal d'un guetteur croyant surprendre le murmure du vol sournois d'un ennemi, tout s'éteint, tout se tait, et on n'entend
plus, par rafales, que l'écho assourdi de l'artillerie lointaine.

La nuit s'achève dans ces alternatives d'activité et de vigilance. Maintenant, après une aube
étincelante et glacée, c'est une paisible matinée
ensoleillée. L'escadrille au complet, toute prête
à l'envol, est rangée sur l'herbe rase au revers
d'un monticule. Autour des biplans, assis sur
leur queue et braquant l'avant caréné de leur
fuselage vers le ciel, c'est l'animation d'avant les
grands départs, les jours de bataille, et nous
vivons les minutes émouvantes de l'attente avec
une ardeur concentrée, un peu impatiente et
anxieuse, mais sans fièvre.

Tandis que nous attendons l'ordre du départ,
le commandant de l'escadrille nous révèle notre
mission. Elle est simple. Pendant qu'un autre
groupe d'avions va attaquer de flanc les positions
ennemies, nous devons faire une diversion, atta-

quer de front, détruire tous les appareils que nous pourrons atteindre et bombarder leur centre aéronautique. Puis, très vite, les signaux de commencer l'attaque nous parviennent, et, dans un ordre précis, nous prenons notre essor.

Nous allons bon train, prenant peu à peu de l'altitude. Notre pensée est appliquée tout entière à notre tâche. Il nous faut veiller constamment à l'allure de notre moteur et régler la vitesse pour ne pas dépasser le chef de file, nous tenir en vue des camarades, et sensiblement à la même hauteur, sans les gêner dans leurs évolutions ; nous devons aussi repérer la route sur la carte, tout cela est fort absorbant.

Aussi sommes-nous surpris par une rafale subite qui nous secoue rudement. Avec une soudaineté de mauvaise augure, le temps change ; le vent maudit est retombé vers l'Ouest et nous envoie de grandes risées irrégulières ; à gauche et derrière nous, des nuages moutonnent à l'horizon.

Quand nous recevons un coup de vent, l'escadrille tout entière dérive d'un même mouvement, puis les appareils bousculés se rétablissent et reprennent la bonne route.

Maintenant, nous voguons, à grande altitude, au-dessus des lignes ennemies, car des projectiles éclatent au-dessous de nos appareils. Bien que le

temps soit clair, il est difficile de distinguer les
détails du sol, dont le relief s'est aplani ; on voit
seulement étinceler au soleil, en grand nombre,
mares, rivières et canaux.

Nous allons ainsi, quand nous voyons subitement notre guide venir en grand sur sa droite
et plonger. Nous prenons la file, qui est notre
formation de combat, et nous imitons sa manœuvre.

Alors, descendus de quelques centaines de
mètres, passant au travers des fumées, nous entrons d'un grand élan dans la bataille et nous
voyons :

D'abord, à terre, un hangar brûle sur la bordure d'une prairie ; des fumées de bombes ; épars,
des appareils abandonnés sur le terrain ; ensuite,
deux ou trois aviatiks marqués de la croix qui
filent vers l'horizon en rasant le sol. Nous lâchons deux bombes et déjà nous sommes passés.

Attentifs à la manœuvre, cramponnés à nos
leviers, sans autre pensée que l'action, nous
cherchons des yeux notre guide. Le voilà qui
revient sur le lieu du combat ; nous le suivons,
à notre place, dans la file. De nouveau, nous
lâchons nos projectiles ; en bas, rien n'apparaît
sur la prairie que des fumées qui s'effilochent et
des appareils abandonnés.

Tout cela se succède comme un vertige. Seuls, les instants durent, pendant lesquels, la main sur le déclic, on choisit le moment de lancer la bombe, dans la crainte de dépasser le but, on vise pendant un temps qui paraît interminable.

Puis nous y revenons très vite, en raccourcissant chaque fois les virages.

Notre tâche est achevée maintenant. Joyeux de l'avoir menée à bien, nous nous élançons en ordre rompu vers le Sud, vers le gîte.

XXII

LA SURPRISE

20 janvier 1916.

Maintenant, nous courons à grande allure dans l'air glacé, et, peu à peu, nous prenons de l'altitude en approchant des lignes ennemies.

Le grand biplan qui nous porte est un vieux serviteur encore solide, mais un peu fatigué; les commandes ont molli, le manche a pris du jeu, et parfois notre moteur fixe, lâché à plein gaz, a des ratés dans un cylindre; il secoue alors la carlingue, au grand déplaisir de mon passager, troublé dans ses observations et ses calculs.

Ce passager occasionnel est un capitaine du service géographique que j'ai embarqué ce matin; je dois le conduire en arrière des lignes ennemies, vers un point où il a mission de faire

des relèvements. Les mécaniciens l'ont surnommé
le « topographe », ayant été fâcheusement im-
pressionnés par son mépris des réalités aviatiques
et militaires. Il a fait installer une multitude
d'instruments, — vissés sur le bordage, suspen-
dus à des ficelles, il y en a partout, jusque sous
le trépied de la mitrailleuse !

Tandis que nous allons notre route, dans le
pâle rayonnement d'un soleil d'hiver, le « topographe » m'indique la direction à sa boussole ; il
est là tranquille parmi tous ses instruments, et,
paisiblement, il inscrit ses angles sur un carnet ;
nous verrons tout à l'heure, quand arriveront les
premiers obus !

Cela ne tardera pas ; nous ne devons pas être
loin des lignes de feu, quand un petit biplan fonce
droit sur notre appareil qu'il vient ranger à
contre-bord. Il passe à toute allure, mais nous
avons le temps de reconnaître le biplan C du petit
René S..., qui rôde par là, tout seul dans les
nuages, montant sa garde.

A mesure que nous avançons, je suis de plus
en plus surpris de ne pas recevoir le salut habituel des batteries allemandes. Nous ne sommes
pas cependant absolument hors de portée ; que
cache ce silence imprévu ? Je me tourne vers mon
passager, qui, impassible, l'œil à l'oculaire d'un

viseur, écrit des nombres sur son carnet, et, bientôt arrivé sur le terrain de son choix, ne lève plus le nez de sur ses chiffres que pour me faire signe avec les doigts : 800, 900, 700 mètres, 5, 10, 20 degrés à gauche ou à droite. Et moi, avec la promptitude d'un timonier ponctuel, j'obéis à ces ordres, m'efforçant de manœuvrer avec toute la précision que permet l'état un peu délabré de notre vieux « coucou ». Et tout d'un coup, j'aperçois, accourant de l'extrême horizon, — au ras des landes grises, — un avion qui vient vers nous. Je le montre du geste à mon passager, qui, à ma grande stupéfaction, le considère un instant d'un air tout à fait indifférent, hausse les épaules et se remet à la besogne, tranquillement. Moi, je suis l'autre des yeux, et, peu à peu, j'en perçois les caractéristiques.

C'est un monoplan à grande envergure tel que je n'en avais encore jamais vu chez l'ennemi ; de loin, sa silhouette rappelle nos Morane ; il court grand train et monte vite. Il approche : décidément il n'a rien de boche, sauf peut-être les contours curvilignes de l'arrière et de ses plans minuscules, à l'extrémité d'un fuselage entoilé. Les ailes, très étroites (autant que j'en puis juger), à contours géométriques, n'ont pas de V ; c'est un type nouveau. Maintenant je comprends le silence

de l'artillerie et pourquoi on nous a laissé passer
en paix : l'autre va nous livrer bataille, sans
courir le risque de tomber entre nos mains, même
vaincu.

Me tournant vers le topographe, je l'interroge
du geste ; je le vois qui, toujours tranquillement,
referme son carnet, coupe les amarrages des instruments qui le gênent, et s'installe à la mitrailleuse. Ça va bien !

Tandis qu'avec un bon sourire (au lieu de son
air rogue habituel) il ôte ses gros gants, en quelques signes rapides, je lui expose notre tactique.

Elle est simple : le monoplan ennemi, gêné par
son hélice à l'avant, va se précipiter sur nous en
droite ligne pour offrir la moindre prise à nos
balles, puis, arrivé à portée, il viendra sur un
bord, démasquant sa mitrailleuse, et commencera
de tirer...

Alors commencent les minutes émouvantes
d'avant le combat. Mais je ne ressens pas cette
anxiété terrible de l'autre fois, cette démence lucide et horrifiée qui me jetait en avant, avec l'angoisse de ne point penser assez vite, d'être de-
vancé par le destin formidable.

Maintenant, devant cet ennemi qui s'approche,
je prévois clairement l'ordre des manœuvres, et
je guette, dans l'application et le sang-froid.

L'autre fonce vers nous ; comme je vais lever la main pour faire commencer le feu, je ressens nettement la secousse en coup de marteau d'une corde à piano tranchée par une balle ; puis d'autres projectiles nous arrivent encore pendant que la mitrailleuse, derrière moi, précipite son martèlement, puis se tait. Quand nous arrivons à la hauteur de l'ennemi, à contre-bord, si près que nous dansons bientôt dans les remous de son sillage, n'ayant pas reçu latéralement sa bordée, je comprends : l'ennemi tire en avant !

Il passe, avec sa vitesse de vertige, et je vois, seul à son bord, le pilote penché sur ses commandes ; presque aussitôt il vire sur place et recommence à tirer, avant que j'aie pu me mettre en défense ! Alors, avec la soudaineté mauvaise d'une bouffée de sang qui monte au cerveau, je comprends que la lutte est inégale et que nous sommes perdus. L'autre, plus rapide et plus maniable, avec sa mitrailleuse dans l'axe, va nous envoyer au sol ; je me tourne vers le capitaine pour faire cesser le feu, et je crie dans le vent : « Foutus ! »

Il saisit le mot sur mes lèvres et ne bronche pas ; agrippé à sa mitrailleuse, la figure figée, et les yeux pleins d'une rage désespérée, il guette l'autre qui revient vers nous en nous envoyant sa bordée, tandis que je pique à fond en virant. L'ennemi plonge à son tour et, emporté par son élan, nous dépasse ; aussitôt il amorce un virage, redresse, hésite un moment, et s'éloigne en descente, tandis que le capitaine le poursuit de ses balles.

Encore tout contracté, une sueur d'agonie aux reins, trop surpris pour me réjouir, je vois le petit René S... tomber des nues et tourner en spirale autour de l'ennemi encore hésitant. Marchant de trois quarts, en crabe, il va vers lui en tirant, dans sa course oblique. Alors je comprends que c'est le salut, et je sens mon cœur qui saute dans ma poitrine, à m'étouffer.

Le Boche flotte un instant, fait face à l'assaillant, puis, comme nous arrivons sur lui, se laisse tomber de quelques centaines de mètres et finalement s'éloigne. Revenu vers nous, S... nous montre d'un geste impérieux le chemin de la retraite. A l'extrême horizon, d'autres avions ennemis se montrent, prenant de la hauteur, et bientôt le ciel se peuple d'éclatements ; les Boches ont amené des auto-canons et nous poursuivent de leurs obus, tandis que nous prenons péniblement de l'altitude.

Par fortune, les molles vapeurs qui moutonnaient à l'horizon, vers le Sud et l'Ouest, viennent vers nous et foisonnent ; d'un élan forcené nous nous jetons dans ces nuages providentiels, tandis que se font plus précipités et plus voisins les éclatements des projectiles ennemis...

Maintenant, détendus et presque joyeux, nous allons dans les brumes, sur la foi de notre boussole ; le « topographe », qui s'est montré un si alerte mitrailleur, rajuste paisiblement ses ficelles, et quand, à l'atterrissage, je lui parle de cet appareil sauveur et de son intervention miraculeuse, il me regarde de côté, d'un air grincheux, en grommelant :

« Sacré mille bougres de bougres ! il me manque l'angle de la trajectoire cote 57 à cote 128, avec la coordonnée géographique du lieu ! »

XXIII

CEUX DE LA DÉFENSE DE PARIS

1er février 1916.

« M'avez-vous assez chiné quand a paru la mutation qui m'affectait à la défense du camp retranché de Paris, et traité d'embusqué, fils d'embusqué, favori des dieux et des hommes, profiteux et tringlot des airs !... »

Au milieu d'un groupe, V... lit une lettre parmi les rires, et il exagère le ton sardonique, acerbe et railleur qui lui est habituel.

« Et toi, Jules, tu m'imputais à grief les avantages qui allaient m'échoir : proximité de Paris, où l'on va promener les ailes d'or brodées sur nos uniformes, ce qui provoque d'innombrables

déclarations amoureuses ; la fréquentation hono-
rable des grands chefs civils, grands-ducs et ma-
nitous, de leurs dames et demoiselles ; le repos
au sein de l'abondance, et tu me vouais en finis-
sant à la bouffissure de l'orgueil d'où je tomberais
dans la sombre obésité pour finir dans la cachexie
par abus de tous les plaisirs, pendant que vous
autres, dans les escadrilles du front, vous reste-
riez la proie des contingences funestes et des mi-
trailles boches.

« Eh bien, mes fils, toutes ces béatitudes es-
pérées ont été dispersées par l'aquilon de la
sombre réalité.

« D'abord, la proximité de Paris dont on fait
un tel état est un mythe, une illusion, un bruit
qu'on fait courir. Je sais bien, qu'à bord de nos
coucous, on ne peut toucher à la cloche sans voir
surgir l'immensité de la grande ville, qui remplit l'horizon comme un océan hostile, mais
quand, ayant repris terre, on veut y aller faire
un tour, ça devient subitement plus inaccessible
que l'Himalaya.

« Je ne dirai rien des grands-ducs et mani-
tous, mais sachez que... »

Les auditeurs font cercle autour de V... qui
déchaîne de grands éclats de rire ; cette animation joyeuse contraste avec la fin de ce jour

d'hiver, terne et triste. Auprès des grands aéroplanes posés sur l'herbe rase, V... lit de sa voix forte, toujours mordante et goguenarde, la lettre de notre camarade. Elle est amusante et spirituelle cette lettre, avec quelque chose de forcé et de paradoxal, mais parfois l'enthousiasme perce sous l'outrance.

« ... au-dessus de la ville règne je ne sais quelle atmosphère molle et fuligineuse, toute secouée de remous ; quand on vogue sur l'océan des toits, à la merci d'une panne de moteur, on souhaiterait, je vous assure, être bien loin de Paris. L'autre jour, j'ai éprouvé de ce fait une anxiété terrible : drossé sur la ville par un coup de vent, presque à bout d'essence, perdant de la hauteur à chaque remous, j'ai dû me jeter, d'un élan désespéré, vers le petit atterrissage d'I..., avec l'angoisse d'arriver trop tard, de ne pouvoir assez allonger mon plané à raison de toutes ces rafales qui me bousculaient. C'est une terrible impression que donne cette course à l'abîme, et si vous aviez vu, l'autre jour, J. B... jouer à cache-cache avec les cheminées de Montsouris, avant de s'affaler, de justesse, sur le terre-plein, vous préféreriez, en fait d'obstacles, les arbres et les buissons des champs... »

Nous restons songeurs devant cette évocation

de la descente inévitable du péril certain, du recul désespéré de tout l'être devant l'hostilité de ces toits qui montent, et sur lesquels on va se briser.

Puis la voix du lecteur se fait plus lente et plus grave, sans rien d'acerbe et de goguenard, maintenant que la lettre raconte, à un détour de page, les heures émouvantes du bombardement de Paris par les zeppelins.

« ... Déjà, les avions de veille se sont enfoncés dans la brume, et on les entend tournoyer là-haut, au-dessus des nuages, quand l'alerte est signalée à l'improviste. Le parc s'emplit d'une animation silencieuse, qui grandit de minute en minute, à mesure que le croiseur aérien est si-gnalé à son passage aux postes des guetteurs, et déjà passent dans le noir, à grande allure, les escadrilles de la périphérie qui se rabattent sur Paris. Nous prenons notre essor. D'abord, je vois luire, çà et là, les lumières éparses de la ban-lieue, devant le grand trou d'ombre de Paris rayé par les éclats linéaires des projecteurs ; puis, très vite, tout sombre dans le brouillard. Alors, nous courons en aveugles, d'un grand élan éperdu : dans l'immensité confuse suivent seu-lement quelques halos, ce sont les rayons réfrac-tés des projecteurs impuissants.

« Et la ronde infernale commence ! Sans y rien voir, dans ce ciel opaque, ni sur la terre noyée de brumes, sans indices pour repérer notre course, nous courons grand train par le noir, sur la foi de notre boussole. Contractés, figés, avec le recul instinctif de l'être privé de la vue, nous allons harcelés par la crainte de tomber sur un camarade suivant la même route. Seul, nous soutient et nous guide l'espoir acerbe, le désir furieux de rencontrer l'adversaire et d'engager le combat !

« Combat combien incertain ! Il faudra, nous tenant hors de portée de l'adversaire, attendre qu'il soit sorti de la zone de Paris pour affronter ses mitrailleuses ; nul secours possible d'en bas ; les canons sont aveuglés par les brumes et il y a trop d'ailes françaises dans le ciel pour tirer au jugé.

« La ronde infernale continue, le temps semble interminable dans le présent et fulgurant dans le passé !

« Et, brusquement, nous voyons : quelque chose traverse le ciel, comme une flammèche qui descendrait en tirebouchonnant, puis, là-haut, très haut dans le ciel obscur, une forme oblongue, apparition fugace qui glisse à grande allure vers le Nord-Est !

« Ah ! mes amis, avec quelle ardeur concentrée et tremblante, avec quelle fureur angoissée, faisant signe à mon mitrailleur, je me suis jeté vers l'apparition !

« Aussitôt, un camarade, bien au-dessus de moi, déclanche une fusée lumineuse et tout disparaît dans l'éclat d'une lumière aveuglante qui bouscule l'obscurité. Ébloui, quand le parachute laisse enfin tomber sa fusée, je ne vois plus rien, tout est obscur et vide.

« Après quelques instants de veine recherche, je dois descendre, et cela n'est pas sans peine. En dépit de toutes les précautions prises, j'ai beaucoup de peine à trouver l'atterrissage et à aborder sans encombre.

« Maintenant, arrivés au sol, après ces minutes d'efforts anxieux que le hasard a fait vains, nous attendons auprès de nos appareils ravitaillés que le destin veuille bien nous offrir une revanche.

« Par un, par deux, les avions qui rôdent dans les ténèbres cherchent l'atterrissage et se posent après quelques hésitations.

« Et tout à coup éclate le bruit précipité d'un moteur lancé à plein gaz : un appareil descend dans une allure folle, nous nous regardons effarés, attendant la chute effroyable, complète.

Mais non : d'une main pieuse et puissante, au quart de seconde qu'il fallait, notre camarade a redressé, et le voilà maintenant qui roule vers les hangars à toute allure, presque décollé. Il n'est pas encore arrêté qu'il se dresse et crie, les mains en porte-voix : « De l'essence, vite... il fuit, le salaud, mais je le veux quand même... De l'essence, nom d'un tonnerre ! »

XXIV

S. S. R. 58

17 mars 1916.

Nous autres, en toute simplicité, nous l'appelons le « zèbre de la prévôté » et les mécaniciens « çui-là qui est fringué en cambrousard ». Mais ces désignations familières ne figurent pas dans le compte rendu de mission que comporte chacune de nos sorties avec lui. Invariablement, ce rapport débute ainsi :

« D'ordre de M. le (grade) commandant la formation aérienne de Nº (armée, corps d'armée, division ou territoire), en exécution de la consigne ci-jointe (écrite) ou ci-résumée (verbale), j'ai pris le départ à... heure, . . minute, ayant à bord de

l'avion, biplan C. n° 003, le sieur *Service de renseignements 58,* par... temps clair, vent S. S. W
de 4 mètres... etc., etc. »

Aucun de nous n'aurait la pensée de traduire
cette appellation compliquée (en abrégé S.S.R.58)
par celle plus simple et, en définitive, justifiée,
d'espion. Car ce nom, qui sonne si mal aux oreilles
françaises, invoque, en dépit de tout, un extérieur de cautèle, d'hypocrisie, je ne sais quoi de
visqueux, de plat et de sournois, inséparable
d'une face boche.

Or notre homme, profil net, regard droit, lim-
pide et loyal, a une allure fière et virile. Sous son
déguisement de paysan, il garde une élégance
souple et désinvolte. Tout en lui décèle le fils de
France, bien né, bien équilibré, pourvu de notre
bonne culture française, saine, mesurée, lumineuse et forte !

L'estime affectueuse et presque déférente des
chefs (qui lui donnent volontiers la main devant
tous), la sûreté de son jugement, sa fermeté impassible dans le danger, le romanesque émouvant de sa vie de mystères, d'aventures et de
périls, tout cela nous l'a rendu cher, d'une amitié
inattendue et paradoxale, mais infiniment pré-
cieuse, solide et sincère !

La maturité de son âge, parmi l'outrance de

notre gaîté juvénile, une réserve un peu hautaine et distante semblent l'isoler ; une continuelle rêverie triste assombrit son regard, dans un visage fermé ; mais si l'on vient à parler de la vilenie teutonne, de sa cruauté barbare, cette figure impassible se creuse et se durcit ; les traits figés, les yeux comme agrandis de stupeur, puis luisants de haine, avec l'on ne sait quoi de hagard, de douloureux et d'implacable, donnent à cette face une intense expression de férocité vengeresse ; on comprend alors que cet homme a enduré une souffrance non humaine et qu'il a voué sa vie à une œuvre de justicier.

Cette œuvre, pour laquelle il a tout abandonné (même son nom), nous reste étrangère, en dépit de notre collaboration. Notre rôle consiste à transporter l'agent S. S. R. 58 dans notre aéroplane, en arrière des lignes ennemies, de l'y déposer et de venir le reprendre à un endroit convenu, signalé, la nuit, par une petite lumière visible seulement du *Zénith*. Un code très simple de signaux nous permet en outre de communiquer pour nous donner un nouveau rendez-vous quand l'ennemi nous empêche de nous rejoindre. Tout le reste est mystérieux, d'un inconnu sinistre et plein de périls.

Quelquefois, en dépit du crépuscule, des nuages

propices et des ruses patientes, il nous faut prendre la fuite devant la poursuite tenace de l'ennemi, et recommencer la tentative d'un autre côté, en évitant le combat, par ordre.

Lors de notre dernière expédition, nous n'avons pas subi le pourchas enragé qui, d'habitude, nous suit et nous traque, aussitôt subie la tempête de la ligne de feu.

Nous voguons à grande hauteur, dans l'air glacé, attendant la première lueur de l'aube pour reconnaître le sol et plonger, d'une descente verticale. Les cieux pâlissants paraissent vides et sur le sol confus rien n'apparaît. Bien que très en arrière des lignes de feu, ce calme insolite est mystérieux et angoissant.

Enfin, peu à peu, une lumière livide tombe des cieux éclaircis; avec une hâte fébrile, l'atterrissage repéré, au milieu de vastes étendues désertes, nous prenons terre un peu durement.

Aussitôt débarqué, mon compagnon s'attelle à la queue de l'appareil pour me faire virer et, juste à ce moment, le moteur, au ralenti, s'arrête. D'un bond, l'autre est déjà à l'hélice, mais dans le silence subit j'ai eu le temps d'ausculter les échos: rien, ni galopades sur les routes lointaines, ni ronflement de moteur sur terre ou dans le ciel, ni canonnade, ni mousqueterie. Et S. S. R. 58, pendu à l'hélice, me montre une face toute contractée et soucieuse, puis très vite, me dit :

« Tout cela cache un piège. Soyez très prudent quand vous viendrez me chercher. Si vous voyez le feu rouge entre les pierres, regagnez la base au plus vite et... (figure fermée et regard impassible) vous pourrez dire la prière des agonisants. »

Et aussitôt, l'hélice lancée d'un grand geste, je pars. L'angoissant silence des cieux vides et du sol désert m'accompagne jusqu'au front, où je suis salué par l'habituelle canonnade.

Pendant tout le jour, après l'atterrissage, le souvenir des paroles de mon ami et celui de ce calme insolite me poursuivent comme un présage sinistre ; les heures durent, interminables, jusqu'au crépuscule ; enfin, je prends mon vol avec, au fond du cœur, un pressentiment funèbre.

Dans le demi-jour de l'heure indécise, je vais, prenant peu à peu de l'altitude, à la recherche de celui qui m'attend, là-bas, derrière ce front formidable. Au passage, j'essuie le canon, parmi toute une fantasmagorie lumineuse de fusées, de projecteurs et d'éclairs. Puis, c'est le même calme extraordinaire, le même angoissant silence de piège et de guet-apens.

Arrivé sur le terrain du rendez-vous, je tournoie à grandes orbes lentes, au ralenti ; la manœuvre s'accroît de toute la difficulté des évolutions dans l'obscurité, avec l'instabilité nocturne, et pendant longtemps rien n'apparaît que, très loin, très bas, la confusion d'un sol obscur.

Enfin, tandis qu'absorbé par le souci de m'orienter par un relèvement pris à la ligne d'horizon, je suis resté un instant inattentif, la petite lumière blanche du signal paraît soudain, à d'infinies profondeurs. Très vite, je coupe et je pique, autant que me le permet l'obscurité, puis au ras du sol je rétablis. Alors, brusquement, la sinistre flamme rouge s'allume sur le sol. Mais je suis trop près. Sans réfléchir, je continue ma descente, je plonge et je coupe, et j'atterris. Une ombre galopante sort des ténèbres qui me crie dans la nuit : « Partez, partez, ils nous veulent vivants ! » Et je réponds en criant par-dessus le ronflement du moteur presque arrêté : « Embarque. »

A peine ai-je senti la pesée d'un corps agrippé à l'appareil que je remets les gaz, et, tandis qu'un premier coup de canon éclate à la lisière du bois, nous commençons à courir sur la prairie ; aussitôt s'allument des projecteurs qui, à grands éclats, cisaillent l'obscurité. Une angoisse terrible me saisit, car, en dépit du levier que je tire à moi vivement, l'appareil baisse de la queue, mais ne décolle pas, et nous courons ainsi dans la nuit, en aveugles, avec cette angoisse qui nous talonne ; enfin nous quittons terre, tanguant, cabrés ; la lisière du bois s'approche ; nous ne passerons pas !... si, nous passons de justesse et, cette émotion à peine apaisée, nous tombons dans la zone éclairée et battue par les feux de l'ennemi. Habitué à nos montées verticales, il me cherche au zénith avec ses projecteurs gesticulants, et cela me donne le temps de me jeter au-dessus des bois. Court répit. A peine ai-je pris un peu de hauteur que je m'élance vers nos lignes, mais, à la sortie des bois, nous sommes repérés et aussitôt encadrés par les shrapnells ; d'un brusque virage, je me rejette sur les grands bois et je plonge ; cette manœuvre nous sauve encore, mais recommence à nous coller aux reins la sueur d'agonie des bêtes traquées à mort, parce que, en bas, les clairières s'animent et commencent à se peupler de tirailleurs. Alors, à bout de nerfs, je m'abandonne au destin et je pique droit devant, en désespéré ; au loin, dans le faisceau de lumière d'un projecteur, j'ai vu surgir des ténèbres des ailes ennemies. Combien de temps cela dure-t-il ? Maintenant, les obus éclatent tout près et nous bousculent ; à grand'peine puis-je ensuite rétablir, dans l'obscurité. Incapable de penser, absorbé par le souci de la route et de l'équilibre de l'appareil blessé, à bout d'émoi, je vais cette route infernale, résigné à l'inéluctable, et quand nous échappons enfin à cette horreur, grâce à des brumes providentielles, je m'affale sur le sol, dans nos lignes, ivre d'angoisse et d'effort surhumain.

Auprès de notre appareil blessé, S. S. R. 58 se tient, impassible, la figure ensanglantée ; dans ses yeux brille l'habituelle expression : colère froide, désir exacerbé de vengeance encore avivé par l'échec.

XXV

UNE CONFESSION

Mars 1916.

Dehors c'est un crépuscule déjà printanier, tout rose et tout bleu, et qui se prolonge. Par instants, de grandes risées d'une brise froide viennent glacer cet enchantement et rappeler l'hostilité de l'hiver. S..., l'agent de renseignements que je dois conduire dans mon avion aux lieux d'accomplissement de sa mission, attend qu'avec la nuit vienne l'heure du départ. Il est là, l'extraordinaire héros, appuyé d'un pied au patin du châssis d'atterrissage, machinalement, il donne de petites secousses rythmiques à l'appareil, et, figure fermée et regard triste, contemple vaguement l'énorme soleil rouge qui descend sous l'horizon ; puis, tout d'un coup, il dit sans tourner la tête : « Le capitaine J. B... est mort... », puis se replonge dans son éternelle rêverie triste. Au bout d'un instant, comme se parlant à lui-même, il commence à conter, de sa voix émouvante, au bruit des toiles flottantes du Bessonneaux, qui clapotent au vent du soir :

« Mon ami, le capitaine abbé B..., était mon condisciple. Avant son entrée au séminaire, nous fréquentions le même collège.

« Vous ne sauriez imaginer nature plus pondérée, plus régulière, plus froide. Nous l'appelions Régulus, pour sa fidélité à la discipline et la fermeté de son caractère.

« Il était fils d'un brave homme de gendarme, sous-officier à l'ancienne mode, et d'une bonne femme de mère qui mourut en donnant le jour à une petite sœur inattendue et tardive, alors que mon ami était déjà grand séminariste.

« Avant de mourir, la sainte femme, incertaine des qualités éducatrices du vieux gendarme, confia le nouveau-né, comme un trésor très précieux, au grand frère. Celui-ci, aidé d'une tante, prit sa tâche à cœur, éleva l'enfant, puis, pendant son vicariat, la mit dans le meilleur pensionnat de la contrée ; nommé curé dans les Ardennes, il réunit autour de lui le vieux gendarme, plus grandpère que père, la vieille tante, et son trésor de petite sœur.

« Éducateur sans sévérité, mais sans faiblesse,

il prenait un soin jaloux de cette petite âme, qui était tout son orgueil et toute sa joie terrestre. Éperdu d'admiration, il cultivait cette belle fleur, n'imaginant rien de plus doux, et ne craignant pas l'avenir. Je dois dire que cette enfant, petite jeune fille frêle et blonde, était ornée de toutes les grâces du corps et de l'esprit.

« Quand vint la guerre, l'abbé partit comme sergent, et, bientôt lieutenant, reçut le commandement d'une compagnie.

« C'était un bon officier, ponctuel, attentif, froid, fort de son immense mépris du danger et de la mort. En dépit de tout cela, il n'avait qu'un médiocre ascendant sur ses soldats, incapable qu'il était de dominer complètement la répugnance instinctive et l'horreur qu'il ressentait à donner la mort. Quand il lui fallait désigner des hommes pour une mission périlleuse, on le voyait tremblant, suant d'angoisse, avec une figure de crucifié.

« Mais tout cela changea brusquement, un jour que des nouvelles arrivèrent de son village envahi et de sa cure abandonnée. Elles étaient terribles ces nouvelles :

« Le vieux gendarme, voulant défendre l'innocence et la beauté de sa fille, avait été massacré, ainsi que la vieille tante. La petite fleur féminine

à peine éclose, la petite innocente blonde, forcée
par une meute de bêtes boches, avait été souillée
avec une telle sauvagerie qu'elle était morte sous
la torture et la répétition de l'outrage. Puis, son
cadavre jeté dans le presbytère en flammes.

« A ces nouvelles, mon ami, dressant vers le
ciel une face d'agonisant, se mit à gueuler (suivant le mot de son ordonnance qui m'a raconté
cela) comme une bête torturée, puis s'abîma dans
une rêverie désespérée.

« Depuis, nul n'est plus ardent à la destruction ; adoré de ses hommes, il les poussait au
carnage, et au moment le plus terrible éclatait
d'un rire formidable, comme un démoniaque.
L'affaire finie, il retombait dans l'indifférence de
sa songerie désespérée ; il paraissait ne plus se
souvenir de son sacerdoce et ne vivre que pour
la fureur des assauts. Ses hommes, maintenant,
l'auraient suivi dans les flammes.

« Un jour que mon service me conduisait par
là, je l'allai voir dans sa tranchée.

« Je le trouvai, tout méditatif, surpris d'une
petite attaque ennemie qui venait de se produire
et d'être repoussée, dont il ne démêlait pas les buts.
Tout était rentré dans l'ordre, et mon ami, assis
sur un escabeau, devant une moitié de tonneau
qui lui servait de table, signait des paperasses.

« Alors on entendit, parmi des cris confus et les derniers claquements de la fusillade, la voix d'un blessé boche tombé dans nos fils de fer et qui criait en français : « Confession ! confession ! » Les soldats, par le moyen d'une érigne à perche pour crocher les fils de fer, happèrent l'homme et le firent passer par-dessus le parapet ; il était tout sanglant, et continuait de clamer en français : « Confession ! confession ! »

« Mon ami, d'un air excédé, se fit apporter le blessé, le considéra un grand moment d'un air indifférent, et finit, autant par pitié que par habitude sacerdotale, à offrir cette consolation à l'agonisant.

« L'autre eut l'air d'être soulagé d'un tourment, et nous les laissâmes seuls. Au bout de quelques secondes, nous entendîmes un cri rugissant, et accourant, nous voyons, étreint d'une angoisse affolante, l'officier, dressé, avec une telle face douloureuse, que nous croyons un instant que le Boche l'a poignardé par traîtrise, tellement cette figure crispée, couleur de cendre, ces yeux de stupeur, hagards et révulsés, cette bouche mi-ouverte, contractée dans une aspiration forcenée, rappellent les traits de ceux qui sont frappés mortellement aux entrailles. Puis, prenant son revolver à deux mains, l'officier se

met à marteler la face de l'homme, en criant :
« Toi aussi, porc, tu as fait cela, et tu demandes
pardon ! » Puis, sans transition, et de quelle voix
de torture, nous l'entendons crier au secours :
« Ayez pitié de moi, mon Dieu ! donnez-moi la
force, mon Dieu ! » Et, se frappant la face avec le
revolver ensanglanté du sang de l'autre, il gémit :
« La miséricorde de Dieu est infinie, mon fils,
repentez-vous. » Puis il recommence encore, dans
sa démence, à frapper et à crier : « Pas de pardon, assassin ! » pendant que l'autre beugle
comme une bête à l'abattoir.

« Et cela dure tandis que nous autres, le cœur
aux lèvres, nous restons horrifiés devant ce désespoir frénétique.

« Enfin, nous voyons l'officier jeter son revolver, se dresser en étendant les mains et dire (j'ai
entendu cela, moi, c'est immense !) et dire, d'une
voix douce, vous entendez, d'une voix douce :
« Récitez l'acte de contrition, mon fils, je vais
vous donner l'absolution... »

La nuit est venue, froide, hostile, hivernale.
Dans l'obscurité, on entend l'homme sangloter,
appuyé à l'aéroplane qui vibre et tressaute au
rythme de ses sanglots.

XXVI

AU-DESSUS DE LA BATAILLE

27 mars 1916.

Maintenant c'est la nuit totale, après cette journée tantôt obscurcie de brume moite, et tantôt illuminée d'un soleil de printemps. En même temps que le crépuscule, un air vif est venu qui brasse et allège les dernières vapeurs ; peu à peu elles s'élèvent, se condensent en nuages compacts qui se mettent à courir à grande allure dans le ciel éclairci.

Les avions de bombardement, grands biplans robustes, sont rangés en avant des abris, étalés de toute leur envergure sur l'herbe rase.

Par intervalles, à grandes nappes laiteuses, les rayons lunaires tombent sur la campagne déserte qui déroule à l'infini, vers le Sud-Est, la houle décroissante de ses vallonnements.

Tout cela n'apparaît que par l'effort d'une observation volontaire, car toute l'attention est impérieusement captée par la fantasmagorie lumineuse qui rayonne au Nord-Est, à l'extrême horizon. Là, en effet, cachée par le relief plus accentué du sol, est l'imprenable citadelle qui, depuis des jours et des jours d'une lutte sans nom, arrête, maîtrise et use l'effort paroxistique des hordes tenaces.

Intermittent, tantôt fugace et tantôt flamboyant, palpite dans le ciel comme un écho lumineux de la grande tourmente.

C'est d'abord comme un halo rougeâtre, un sinistre reflet d'incendie qui borde la ligne d'horizon, puis l'éclat linéaire des projecteurs, qui à grands bras gesticulants, cisaille l'obscurité et la broderie fantastique des trajectoires lumineuses, ponctuées çà et là par l'éclat jaune ou rouge des déflagrations. Par intermittences, plus forte que tout, la lueur des fusées éclairantes fulgure, comme un astre éblouissant qui brille à l'improviste, sautille un instant, paraît immobile, puis se met à dériver lentement dans le vent, en même temps que les fumées.

Parfois, tout s'éteint dans le ciel, seul subsiste

le funèbre halo, qui borde l'horizon, et ce calme subit, cette obscurité insolite ont quelque chose de poignant ; puis, subitement, recommence la fantasmagorie tragique.

Nous sommes là, autour de nos appareils, attendant les ordres, sans pouvoir détacher nos yeux de ce reflet de fournaise, ni soustraire notre pensée à l'évocation de toute cette fureur déchaînée ; puis le commandant nous réunit autour de lui pour nous transmettre ses dernières instructions, alors nous commençons à vivre les heures interminables de la veillée des armes et la même impression nous saisit, pour l'émouvante grandeur de laquelle il n'est point d'accoutumance. Rien n'est pénible comme l'inexorable lenteur de ces minutes, où l'on attend, dans l'inaction, l'ordre de s'élancer dans la nuit, au-dessus de la fournaise.

Ce sont des instants d'une vie machinale et terrible ; prêts à tout, nous agissons comme dans un rêve lucide ; tout est précis, mais prend un aspect insolite et mystérieux. Penser est un effort pénible et prendre une décision une presque impossibilité. Écrasés de responsabilité, dévorés d'impatience frénétique, nous nous sentons livrés, ligotés d'angoisse, à une inéluctable fatalité ; dans une subconscience effarée s'éveille

alors en nous une espèce de mémoire passive qui
note, automatique et impitoyable, les souvenirs
douloureux.

Puis, subitement, il se fait un remue-ménage
dans le parc silencieux ; des galopades résonnent
dans la nuit, des moteurs, çà et là, poussent leur
clameur dans le noir, puis des signaux lumineux
courent au ras du sol, et enfin arrive l'ordre de
départ, qui se transmet de proche en proche,
parmi une explosion d'impatience joyeuse, d'appels, d'ordres et de cris.

Tandis que nous nous installons dans notre
biplan, affairés aux ultimes préparatifs, voici que
disparaît toute anxiété, dans l'ardeur de l'action
prochaine, mais subsiste cette étrange impression
de vie irréelle avec l'aspect insolite et mystérieux des choses parmi l'hostilité nocturne.

Quand vient notre tour de départ, une grande
partie de notre escadre est déjà en plein vol, em-
plissant le ciel du tonnerre de ses moteurs et du
scintillement des ses fanaux. Puis, très vite, nous
prenons notre essor. Sitôt quitté le sol, en dépit
des petites lampes qui éclairent les extrémités
de la cellule, c'est la difficulté des vols nocturnes
qui se manifeste ; malgré tout le soin que nous
prenons de ne toucher au levier qu'avec une
prudente précision, nous sentons l'appareil os-

ciller lourdement, avec une sorte de régularité pendulaire.

Maintenant, tous les avions sont à bonne altitude, les bi-moteurs en avant ; alors tous ensemble, à la lumière des fanaux, nous prenons notre formation de route et mettons le cap droit dans l'Est, laissant sur notre gauche le ciel enflammé au-dessus de la bataille. Puis, tout s'éteint à bord, sauf les petites lampes masquées qui éclairent l'altimètre, la boussole, la carte et les extrémités des longerons avants de la cellule. Parfois aussi on voit briller l'éclair fugace du pistolet signaleur qui lance sa fumée verte, rouge, jaune ou bleue. Puis de nouveau tout sombre dans le noir ; nous ne voyons plus que l'aéroplane qui nous précède, et nous n'entendons que l'assourdissante clameur de notre moteur déchaîné.

Nous allons bon train dans la nuit, laissant toujours, à gauche, l'horizon enflammé et bientôt au-dessus de… les projecteurs allemands commencent à nous pourchasser. On voit subitement un grand éclair blanc qui gesticule, ou bien une étoile éblouissante posée sur le sol. Quelquefois encore une plaque de lumière qui se déplace dans les nuages, puis tout s'éteint pour recommencer plus loin, tandis que des éclatements jaunes ou rouges trouent l'obscurité. Parfois, par un intervalle entre les nuages, un de nos appareils est frappé par le pinceau lumineux ; il jaillit alors des ténèbres, tout d'une pièce, et resplendissant comme un astre ; sur le plan supérieur, on voit se détacher avec une netteté incroyable l'ombre des montants et des croisillons. Puis, d'un brusque écart, l'avion rentre dans le noir, tandis que des projectiles éclatent tout autour.

Nous allons ainsi, longtemps poursuivis, mais vainement ; nous ne voyons rien du sol et quand, sur l'ordre des pistolets, nous obliquons un peu sur le Nord, en plongeant, nous sommes presque surpris d'apercevoir en bas, au confluent d'une grande et petite rivière, des reflets et des luisances vagues de grande ville. Nous sommes sur M..., notre objectif.

Aussitôt abaissée notre altitude, une épouvantable canonnade nous salue et plusieurs fois, des explosions toutes proches nous bousculent. En bas c'est une multitude d'étoiles, de projecteurs qui s'allument et s'éteignent et des flammes d'artillerie, des projectiles lumineux lancés par des avions qui nous précèdent ont fait jaillir de l'obscurité l'image confuse d'un lacis de voies ferrées qui luisent faiblement. Bientôt, des **flammes s'élèvent qui nous montrent des cons-**

tructions éparses et des trains en marche, puis tout sombre dans la fumée. Calme, appliqué, livré au destin, je m'efforce de survoler l'objectif et mon bombardier lâche ses gros projectiles ; chaque fois, en dépit du bon centrage du lance-bombes, nous sentons comme une secousse et l'appareil se met à tanguer lourdement. En bas, dans la confusion et la fumée, nous ne voyons pas nos projectiles éclater, mais en revanche, nous recevons, de plus en plus proches, les grands souffles des déflagrations ennemies qui, maintenant, nous encadrent.

Les minutes passent, dans ce tumulte, sans que rien nous émeuve qu'une lassitude grandissante, un désir tenace que cela finisse enfin, et bientôt tout s'efface qui n'est le souci angoissé de maintenir notre vol parmi cette atmosphère bousculée. Enfin, les derniers obus lancés, nous repartons vers le Sud-Ouest ; longtemps, derrière nous, nous voyons de grandes flammes ensanglanter l'horizon : c'est notre œuvre.

XXVII

RETOUR DE BOMBARDEMENT

2 juin 1916.

Nous tournons toujours, en plein ciel nocturne, et toujours nous jetons nos gros projectiles. Et cela dure depuis un temps indéterminé, mais qui nous paraît très long. Maintenant, on n'aperçoit plus rien, sur le sol, que des masses énormes de fumée qui roulent sur elles-mêmes et, toutes ensemble, dérivent lentement dans le vent, éclairées par en dessous d'un sinistre reflet rougeâtre.

Et toujours éclatent autour de nous les projectiles ennemis ; ils font une grande lueur brusque, puis laissent un nuage compact de fumée ; toutes ces nuées, lentes à se dissoudre, flottent à la dérive. Très haut dans le ciel, les étoiles luisent de leur petit éclat paisible.

Et nous continuons à tourner au-dessus de cette destruction, laissant tomber nos grosses bombes ; un tumulte formidable doit nous accompagner, mais nous n'entendons que le double tonnerre de nos deux moteurs déchaînés. Et cela dure, cette ronde infernale, parmi cette vitesse de vertige et ce paroxysme de fureur. Lancés à travers les remous et les bousculades des éclatements, nos lourds avions roulent et tanguent, et parfois se dérobent comme s'ils tombaient ; dans les trous d'air, il arrive qu'une de nos hélices « fouarre » et s'affole : alors, tout notre appareil est secoué terriblement et vibre comme s'il allait se rompre. Quand le bombardier actionne son déclic, nous nous sentons emportés dans un balancement pendulaire, qui va s'amplifiant, et qu'il faut maîtriser à grands coups de stabilisateur.

En bas, de nouveaux incendies s'allument continuellement dans les fumées. Quand une fusée à parachute répand là-dessus son éblouissante lumière, on voit les volutes de fumée rouler et s'étendre, comme une mer qui moutonne.

Et nous allons toujours notre route d'aventure parmi toutes ces fantasmagories dangereuses !

Peu à peu, nous sentons nous gagner une indicible fatigue, faite d'épuisement physique (à cause de ce vol nocturne déséquilibré et cahotant), mais surtout d'angoisse et d'énervement !

Enfin notre chef de file lance un signal lumineux avec son pistolet, et virant de bord d'un grand élan, nous mettons le cap à l'Ouest et nous sortons de la géhenne.

Maintenant nous cheminons dans le ciel noir, sans rien voir, qu'à l'horizon le sinistre reflet de la bataille qui continue toujours aussi intense que lors de notre départ. En bas, les projecteurs s'allument et hors de la zone des fumées reprennent tout leur éclat ; leurs grands rayons gesticulants nous atteignent parfois et nous font jaillir de l'obscurité, tout d'une pièce, comme une apparition ; alors il nous faut plonger brusquement, parmi les volées de mitraille, pour échapper à cette poursuite lumineuse. Ces manœuvres précipitées sont dangereuses, car nous savons que le ciel, autour de nous, est plein d'ailes, mais nous ne les voyons pas. Quand mon bombardier devine, à force d'attention exaspérée, l'approche d'un autre avion, il allume vivement notre fanal, pendant une fraction de seconde ; l'appareil voisin répond à ce signal et nous prenons du champ.

Tout à coup notre tête de colonne paraît hésiter et notre formation se serre, puis sur un signal nous partons tous en grand vers le Sud. En venant, sur la route que nous devions suivre, nous voyons une grande profusion de projecteurs affolés et le ciel est tout ponctué d'éclatements, avec, de-ci de-là, des gerbes, de petites étincelles grêles. Que se passe-t-il ?

Tout en continuant notre route oblique, dans un calme relatif, nous ne pouvons détacher notre regard de ce point de l'espace, où, parmi toutes ces flammes, se joue un drame mystérieux et terrible. Tout d'un coup, mon bombardier se dresse à demi, effaré, hésite un moment et allume notre fanal; presque aussitôt, passent près de nous, à contre-bord, emportés à une allure folle, trois avions de chasse français; un quatrième les suit, faisant une effarante acrobatie de sauts, de glissades et de chutes pour échapper à l'étreinte d'un projecteur qui ne le lâche pas.

Puis, ils s'en vont, de leur train d'enfer, parmi un encadrement de fusants qui éclatent et tout sombre dans le noir.

Bientôt, nous reprenons notre route vers l'Ouest, guidés par le reflet de fournaise de cette bataille qui ensanglante l'horizon depuis des nuits et des nuits, sans jamais cesser.

Derrière nous, les avions de chasse qui protègent notre retour sont aux prises avec l'ennemi. Après avoir déblayé la route en avant, sur notre front, ils ont foncé, les hardis faucons, parmi toute cette hostilité déchaînée, dans cette nuit noire, contre les avions ennemis qui nous attaquent sur les ailes. Ils ont foncé sur eux d'un élan désespéré, avec une vitesse effrayante, et maintenant, ils sont aux prises, sans que nous puissions rien faire pour les aider dans leur tâche de héros.

Nous sommes là, allant notre route presque paisiblement, honteux de notre pesante allure avec au cœur une lourde angoisse, parce que les autres se battent tout près, pendant que nous faisons notre retraite. Combien la tâche que nous avons accomplie nous paraît diminuée, en dépit de tout, comparée à celle des hardis corsaires qui nous escortent !

Tandis qu'ils se battent si près de nous, nous ne savons rien d'eux et nous ne saurons jamais rien de ceux qui vont succomber dans cette lutte de géants !

Malgré tout, nous ne pouvons détacher nos regards du coin du ciel où ils ont disparu ; les grands éclairs linéaires des projecteurs, qui jaillissent toujours et partout, ne nous laissent rien voir du drame, mais bientôt une énorme flamme rougeâtre et fuligineuse descend vers le sol, en chute verticale, comme une masse d'étoupes enflammées. Plus loin, encore une autre : ce sont des appareils incendiés qui tombent. Cela est tellement sinistre, cet éclair rouge qui accompagne la destruction, et d'une menace si directe que nous ne pouvons maîtriser un long frisson d'angoisse. Et puis, maintenant, nous sentons le poids de la fatigue de cette nuit forcenée et aussi l'énervement de tant de minutes d'anxiété, de tant d'efforts et de manœuvres désespérées, et nous sommes à bout de nerfs.

Nous allons cependant toujours notre route, parmi les éclairs et la mitraille incessante, mais tout devient confus et incertain : une sorte de raison machinale commande presque inconsciemment les réflexes instinctifs, et nous faisons comme des automates les mouvements nécessaires. Et cela dure interminablement !

Enfin, voici les repères de l'atterrissage. Tandis que dans un dernier sursaut de claire volonté et d'énergie spasmodique, nous tournons à grandes orbes lentes, en plané, moteur coupé, manœuvrant pour prendre terre avec précision, passent auprès de nous et, tout de suite, nous dépassent, à leur train d'enfer, des avions de chasse qui reviennent du combat. Très vite, ils sont hors de vue, lancés vers leur atterrissage, tandis que prennent terre, en même temps que nous, leurs camarades blessés. Incapables d'aller plus loin, leur tâche accomplie, ils se laissent tomber là, parmi nous, qu'ils ont si héroïquement sauvés.

XXVIII

L'AVENTURE TERRIENNE

23 juin 1916.

Ennemi ! Ennemi !

Depuis le matin, une pluie hivernale, continue, tenace, désolante, inonde tout. De gros nuages blancs ou gris, ou encore fuligineux, chassent dans les rafales d'Ouest ; parfois ils courent au ras du sol, accrochant des lambeaux à la cime des grands arbres.

Dans le parc de l'escadrille, tout est morne et désert sous l'averse ; les Bessonneaux claquent au vent et secouent leurs toiles ruisselantes ; on n'entend que les « hou ! hou ! » de la bourrasque ou la corne enrouée de quelque tracteur qui se dépêtre péniblement de la boue, inondé et fumant, au milieu des embruns.

Ennemi ! Ennemi !

Nous allons, sous l'ondée, du cantonnement au parc et du parc au cantonnement, mouillés, transis, et perdus d'une désolante et spleenétique inactivité. Les autres, tout près, pendant ce temps, s'acharnent, dans la boue, du bec et des ongles contre l'ennemi, et cela nous met au cœur comme une rage impuissante de ne pouvoir leur apporter le réconfort de nos grandes ailes éployant les couleurs dans leur ciel tourmenté, comme un présage de victoire.

Ennemi ! Ennemi !

Subitement, à l'improviste, une animation se manifeste dans le parc inondé ; des galopades font rejaillir l'eau des flaques, et des appels courent dans le vent, parmi la pétarade de l'échappement libre des automobiles mugissantes.

Dans la cagna du commandant, le grelottement d'une sonnerie insiste, impérieuse, et c'est aussitôt comme un centre de ralliement, vers lequel convergent toutes les courses et se hâtent toutes les impatiences.

Des nouvelles ! des nouvelles !... Ces nouvelles sont des ordres : la Division annonce qu'un biplan ennemi a été descendu en arrière de la ligne de feu, et ordonne d'envoyer un détachement de sapeurs sous le **commandement d'un pilote**, assisté de l'adjoint technique, pour démonter et ramener l'appareil. Vu la proximité des lignes de feu, l'itinéraire sera rigoureusement établi par (écrivez !) X..., Y..., Z..., etc., etc., et les hommes prendront leur casque et leur mousqueton. Le convoi sera composé des véhicules suivants : (écrivez !) 2 tracteurs, 2 chariots plats longs, un camion de 2 tonnes et une voiture de convoyeur.

Aussitôt c'est la ruée joyeuse, et bientôt, sous le déluge et parmi le jaillissement des eaux boueuses, le train d'automobiles démarre.

Nous sommes munis de tous les mots de passe, consignes et laissez-passer nécessaires, sans parler d'un croquis détaillé où notre itinéraire est marqué d'un large trait au crayon bleu.

Et nous allons sous la pluie, vers la zone des combats, heureux d'échapper à l'obsédante tristesse de l'inaction forcée, parmi la froidure et l'hostilité diluvienne.

D'abord nous courons sous les grands arbres, sur la route défoncée ; nous croisons des convois interminables et, quelquefois, il nous faut prendre la suite d'une lente théorie de pesants camions. Alors nos hommes s'impatientent et se prennent de querelle avec les convoyeurs, qui répondent par des plaisanteries argotiques ou des injures risibles. Les territoriaux carapacés de boue qui entretiennent la route militaire s'amusent à ce spectacle, qui rompt la monotonie de leur sempiternelle tâche.

Puis, sur un ordre, la voiture de tête quitte la route et enfile une traverse, suivie par les autres, tandis que les hommes, les mains en porte-voix, continuent à perte de voix à s'invectiver avec les convoyeurs restés sur la route, au milieu des rires et des exclamations goguenardes.

A mesure que nous avançons, les grands bois se font déserts, avec seulement, de place en place, des traces des anciens bivouacs : une jonchée de débris autour des foyers éteints.

Puis, subitement, au tournant d'un ravin sinistre, c'est la révélation de la lutte récente. Les arbres mutilés, les racines en l'air, parmi les cratères des explosions ; les abris, tantôt intacts, tantôt bouleversés, se succèdent, et partout, des débris épars.

De longues files d'hommes, couleur de boue, invraisemblablement habillés et chargés, se glissent par des passages défilés.

Nous avançons toujours ; alors se montrent les entrées des boyaux et parallèles ; il semble que tout se terre et s'efface à l'approche terrible des lignes de feu, et, subitement, c'est la grande voix sinistre du canon ; les hommes, d'un seul mouvement, tournent la tête et font : « Aha ! » tous ensemble, d'un même réflexe inconscient.

Puis, d'un brusque crochet, nous rentrons sous bois, tandis que cyclistes et coureurs viennent s'informer, de la part des chefs de secteur pourtant avertis, des motifs de notre présence en ces lieux, et nous indiquent notre chemin.

Maintenant nous roulons sous les grands arbres, dans un creux de terrain inégal, raboteux, tout plein de souches et de bruyères ; peu à peu une bise aigre et sèche s'élève qui siffle dans les arbres et nettoie le ciel, et quand nous arrivons auprès de l'avion abattu, dans une clairière, il fait presque beau.

Il est là, l'ennemi foudroyé, couché sur le côté, mais presque intact ; une section de fantassins est auprès, commandée par un vieil adjudant qui, tout de suite, prend la parole, montrant un cadavre étendu sur l'herbe :

« Celui-ci (l'aviateur) a son compte, l'autre est prisonnier. Quand la corvée aura enterré le mort, je foutrai le camp avec mes hommes, parce que la compagnie est déjà partie et que ça c'est du service de rabiot. »

Puis, tournant la tête de côté et d'autre, il paraît réfléchir et finit par dire :

« Vous pouvez ranger les bagnoles dans le ravin, parce que, des fois, ici, c'est mauvais, rapport aux marmites. »

Il n'a pas plutôt dit cela qu'on entend passer un obus qui siffle et froufroute très haut dans le ciel. Les conducteurs embrayent aussitôt et, d'un seul élan, rejettent le convoi sous le couvert; puis les mécaniciens se mettent au travail, tandis que nous examinons la prise. C'est un aviatik du modèle courant, avec son Mercédès 180 H P, sa légère mitrailleuse et tous les apparaux ordinaires de navigation. Un éclairage électrique complet et bien compris devait faciliter les sorties et les atterrissages nocturnes, et un transmetteur de l'S F assurer la communication constante avec la base.

Pas de bombes à bord. Tout l'intérieur du fuselage est noirci et poissé de sang. Nous arrachons des lambeaux de toile sanglante à la cellule rompue pour en envelopper le cadavre de l'ennemi, qui est aussitôt inhumé correctement.

Alors on entend dans le ciel la rumeur grandissante d'un moteur poussé, mais les grands arbres empêchent de rien voir. Les hommes regardent en l'air et disent entre eux : « C'est un moteur fixe », puis, tandis qu'éclatent des coups de canon tout proches : « C'est un boche ! »

C'est un boche, en effet, un monoplan rapide

qui vient vers nous; il apparaît maintenant, au zénith, entre les petites fumées cotonneuses des shrapnells qui dérivent dans le vent. Et quelqu'un crie : « Aux abris! gare aux picouennes! » C'est un des noms que les hommes donnent aux fléchettes d'acier, d'ailleurs de plus en plus rares. Aussitôt la bande s'égaille dans toutes les directions, vers la protection illusoire des arbres ou des camions. Et nous attendons. Attente trépidante et anxieuse, qui se prolonge sous une menace que rien ne peut conjurer; on suit des yeux l'ennemi. Il accourt : le voilà. Va-t-il semer la mort, ou passer? Il passe, puis, d'un brusque crochet, revient vers nous. Comme cela dure! Il recherche évidemment son camarade abattu. Une rage de mouvement, une envie incoercible de courir nous fait trembler d'une impatience frénétique, et nous restons là, immobiles, le cœur battant à grands coups. Et cela dure!

Que fait donc l'ennemi, là-haut, juste au zénith? A-t-il déjà lâché sa bordée, qui chemine dans les airs avec une effarante vitesse et va nous clouer au sol?

Mon Dieu que cela dure !

Puis l'avion cesse de tournoyer et prend le large. C'est fini : nous sommes saufs, la menace nous a dépassés, à son allure vertigineuse; et c'est tout de suite oublié, cette torture d'être exposés sans défense possible aux coups de l'ennemi.

Maintenant, les fantassins sont partis et nos sapeurs reprennent les outils ; une grande brise froide cingle le crépuscule clair, et tandis que nous grelottons autour de l'épave (défense d'allumer des feux), un projectile passe en ronflant dans le ciel et va éclater dans les fourrés avec un bruit terrible, — puis un autre, et encore un autre. Inexorablement, les explosions se rapprochent : nous sommes repérés.

Là-bas, vers nos tranchées, un fanion surgit de terre et s'agite au ras du sol, puis d'autres, de proche en proche, répètent le signal.

Enfin surgit un petit sous-lieutenant, jailli on ne sait d'où, qui nous annonce que nous devons, sans plus tarder, battre en retraite, d'ordre supérieur.

Nos hommes, nullement émus par la menace qui, d'instant en instant, se rapproche, quittent leur travail, et nous regagnons le ravin où sont abritées les voitures, attendant la nuit.

XXIX

LA RUÉE DES FLAMMES

26 juillet 1916.

La pluie des gros projectiles allemands nous surprit en plein travail, alors qu'au milieu de cette clairière perdue dans les grands bois nous démontions l'avion ennemi abattu.

Maintenant, nous avons regagné le ravin où se dissimule notre convoi et nous attendons l'accalmie pour reprendre notre tâche. Nous sommes à l'abri, mais nous ressentons encore cette inquiétude, ce malaise animal, réflexe instinctif des bêtes traquées et qui reste l'impression dominante de ces heures de souffrance passive.

Les obus allemands passent au-dessus de nos têtes et remplissent l'espace de leur clameur; tantôt aigre et gémissante, avec un bruit de toile déchirée, tantôt froufroutante avec un ronron très doux, ou bien encore toute éraillée d'échos ferrailleux, toujours menaçante et surtout sinistre.

Sur l'autre versant du ravin arrivent les projectiles, et c'est là pour nos hommes, qui n'y sont pas habitués, un spectacle terrible mais captivant. Certains obus, arrivant dans les fourrés, y produisent un formidable branle-bas; épuisés, semble-t-il, par cet effort, ils s'en tiennent là, et rien ne jaillit du fouillis des arbres déracinés, tandis que d'autres, au contraire, dont la venue sournoise est passée inaperçue, éclatent à l'improviste avec un fracas abrutissant. Nous voyons, après l'éblouissement de l'éclair rouge, une énorme volute de fumée dense qui s'étale en champignon, dérive un instant dans le vent, tout d'une pièce, puis se déchire dans les remous d'air et se dissout lentement.

Cela est beau, d'une effarante beauté de cataclysme.

Tout à coup, dans une accalmie, il se fait derrière nous un grand bruit de broussailles remuées et une grande voie joviale sort du fourré :

« Où sont-ils donc ces gens de l'air? » Et presque aussitôt un grand diable de lieutenant d'artillerie, casqué, crotté, bardé de musettes et de gourdes, sort du sous-bois accompagné d'un soldat pareillement casqué, hérissé, déchiré et bardé de musettes et de bidons, et tous deux sont extraordinairement paisibles.

Le lieutenant salue : « Ah ! vous voilà ! Bonjour, je suis observateur au poste F.-04. Le colonel d'infanterie vient de téléphoner pour qu'on vous fasse partir d'ici — (et comme, déjà, des hommes s'avancent vers les voitures, il part d'un grand éclat de rire, épanoui et tranquille), mais pas avec les autos ! (Il rit encore.) Les Boches tirent en arrière, en barrage, on ne peut passer même à pied, alors je vais vous donner mon coureur (en désignant le soldat hirsute et paisible), qui vous mènera vers les anciens parallèles, un peu en arrière des nouveaux. Ici, ça deviendra malsain (regardant en l'air comme un marin qui examine le temps), quand ils tireront avec des fusants, vous n'êtes en angle mort que pour la trajectoire tendue des tirs de plein fouet. »

Puis, toujours jovial et tranquille, il salue et s'en va. Nous autres, prenant nos armes, nous partons en file indienne derrière le coureur.

La piste longe la lisière nord-ouest du bois, au bord de la clairière ; elle est défilée aux vues de l'ennemi et protégée par des épaulements, d'une manière surprenante et qui nous paraît, à nous, profanes, incompréhensible et paradoxale. Alors

que nous cheminons dans un bas-fond et que
nous croyons être bien à l'abri, des parapets de
gabions ou des sacs de terre sont entassés de
chaque côté du chemin, et alors que nous avons
l'impression d'aller à découvert, la piste court,
toute nue, sur un grand plateau désert.

Toutefois, à mesure que nous approchons du
front, le chemin s'enterre peu à peu, et bientôt
c'est un véritable boyau souterrain.

Au-dessus de nos têtes, c'est toujours la clameur sinistre des trajectoires qui s'entend en
dépit du continuel tonnerre de l'artillerie. Bientôt il s'y mêle le bourdonnement plus grêle, mais
si proche, des balles et l'obsédant tac tac des
mitrailleuses. Nos hommes, qui ont peu l'habitude de cette musique, baissent instinctivement
la tête quand une balle leur siffle aux oreilles, et
cela fait bien rire le coureur hérissé qui nous
guide.

D'autres boyaux cheminent parallèlement au
nôtre. On les devine, en voyant de temps en
temps dépasser le bout d'un fusil ou le sommet
d'un paquetage. Une troupe est là, qui marche
en même temps que nous. Et subitement c'est
une bousculade, puis le reflux de notre file indienne. Un bruit de voix hurlantes se devine dans
le tumulte, venant du coude que fait le boyau et

contre lequel s'est butée notre tête de file. Je m'y précipite, le long des parois clayonnées, et je me trouve devant un commandant de chasseurs, maigre, sec, hérissé et qui, l'air furieux, fait tête en avant, comme un sanglier.

— Qu'est-ce que vous foutez par là, à troubler mes compagnies qui vont au feu ? Ah ! c'est vous les sapeurs qui démontiez l'avion boche ! Et vous cherchez à vous en retourner ! Allez, allez, ceci ne me concerne pas, laissez seulement passer mes hommes qui vont au feu, mais je vous avertis que vous ne pourrez passer vers l'arrière, à cause de l'artillerie ennemie.

J'ai senti la pointe et je réponds aussitôt : « Mon commandant, c'est nous les sapeurs, en effet, mais nous ne cherchons pas à gagner l'arrière. Nous sommes, bien que spécialistes, des soldats. Nous avons nos armes, nous irons avec vous, si vous le permettez. » Le vieux sanglier me regarde un instant de côté, puis, un peu radouci, ajoute : « Je n'ai pas d'ordres. Mais puisque la retraite vous est coupée, ma responsabilité est couverte, d'autant que vous ne pouvez rester ici. » Il me regarde encore un instant, du coin de l'œil, et conclut d'une voix forte et rude : « Je vous accorde la faveur que vous demandez. Vous aurez un coin à défendre, des cartouches, des grenades, et, pour remplacer les mousquetons, les fusils des morts, au fur et à mesure qu'ils seront disponibles... »

Maintenant nous voilà installés dans une étroite et profonde tranchée, dans le coin arrondi d'un angle. Devant nous, un petit bout d'un angle semblable s'aperçoit avec des soldats ; un peu en avant, un fouillis de fils de fer, puis un angle de terrain confus qui apparaît entre deux monticules écornés. La consigne est simple — tirer sur tout ce qui bougera dans ce coin de terrain, en se tenant abrité le mieux possible derrière les créneaux. Pour le surplus, en dehors du fanion qui paraîtra à la gauche du monticule, du clairon qui sonnera et de l'homme de liaison, nous n'aurons, en cas de nécessité imprévue, qu'à imiter la manœuvre de l'unité voisine.

Maintenant, nous voilà à l'œuvre. Seuls dans notre trou, nous surveillons le terrain avec une attention exaspérée ; la grande impression du début peu à peu s'efface ; cette stupeur effarée, cette angoisse trépidante ont disparu ; nous sommes légers et dispos au milieu du grand tumulte, et prêts à tout. Bien que la terre tremble continuellement sous le tonnerre des explosions, tout le bruit de la bataille semble se résumer pour nous dans le claquement frénétique d'une

mitrailleuse voisine, et c'est à peine si nous apercevons l'éruption épouvantable que déchaîne,
comme un volcan, l'explosion des grosses bombes
de tranchée et les torpilles. Elles produisent pourtant une secousse à nous décrocher le crâne et
tout croule dans le voisinage.

Parfois, dans notre angle de terrain, nous
voyons éclater un de nos gros projectiles dont
l'explosion, qui semble souterraine, est comme
une éruption volcanique. Alors, parmi la pluie
de débris retombants, c'est un envahissement de
poussière et de fumée. Dans ce tumulte, il n'est
point de durée, et peu à peu le jour baisse presque
à notre insu. Les flammes deviennent plus éclata-
tantes et les fumées moins denses ; mais elles
s'accumulent peu à peu en rideau impénétrable
qui bouche l'horizon. Il semble même que cela
s'épaissit et devient presque noir. De longues
flammes linéaires luisent dans cette confusion et,
tandis que nos hommes tirent en désespérés,
cette muraille infernale gagne de proche en proche
et vient vers nous. Cela est incompréhensible et
terrifiant ; bientôt l'envahissement atteint nos fils
de fer, en dépit de la fusillade déchaînée. Alors
de grandes flammes rouges, en immenses jets
droits, sortent des fumées. Une odeur naphteuse
se répand et, tandis que nous continuons à tirer,

ce nuage d'enfer vient vers nous. Bientôt nos mitrailleuses, en avant, se taisent. On voit refluer dans le boyau des blessés noircis, hagards et hurlants; d'autres bondissent hors d'invisibles abris; poursuivis par les jets de flammes, nos hommes tiraillent en dépit de cette épouvante et du reflux des premières lignes; déjà la fumée nous aveugle et nous prend à la gorge, et c'est à peine si, aux premiers coups de canon qui éclatent dans notre dos, nous comprenons que le secours providentiel nous arrive et que s'arrêtera enfin cette menace horrifiante qui vient vers nous, inexorablement!

Aux grands gestes des fanions agités au ras du sol, tout s'est terré dans nos lignes, les mitrailleuses claquent seules, la mousqueterie s'est éteinte, mais les obus français passent au ras de nos têtes, — il semble que nous en sentions le vent, — puis aussitôt éclatent dans le grand mur des fumées, et cela continue tandis que le crépuscule s'épaissit. Comme dans un rêve, nous vivons la fin de ce drame, cependant que les ennemis, poursuivis par nos renforts de troupes fraîches, s'éloignent avec leurs hideux engins détruits, laissant le terrain tout couvert de leurs morts.

XXX

LA SAUCISSE

18 août 1916.

A mesure que le soleil embrumé descend à l'horizon, le vent de tempête augmente ; bientôt ce sera le crépuscule, le long crépuscule de printemps, mais toutes ces vapeurs bousculées, ce vent humide et cette lumière mourante donnent l'impression triste d'un peu de jour hivernal.

Seul dans mon avion, au retour d'une mission en arrière des lignes ennemies que j'ai traversées à la faveur des nuages, je descends peu à peu pour m'orienter, et mon appareil allégé tangue et roule parmi la bousculade des nuées vertigineuses. En dépit de toute cette fureur de mouvement, je n'ai conscience de la force de cet ouragan déchaîné qu'en voyant sur le sol la course folle des fumées et, près de terre, les arbres torturés.

Attentif à la manœuvre, sitôt le paysage reconnu, je vais, à petite allure et à hauteur, vers les bois du B... Là est un poste d'observation aérienne, avec un de ces gros et difformes ballons captifs que nos hommes appellent « des saucisses ». Un des officiers du poste est mon frère très affectionné, Jean T..., et je vais lui rendre visite par la voie des airs, au retour de ma mission.

Ce Jean T..., aviateur passé dans l'aérostation au début de la guerre par dépit de servir dans un centre de l'arrière, s'il est mon frère d'élection et chéri comme tel, est, en réalité, un ami des temps héroïques de l'aviation et dont j'ai, peu avant la mobilisation, épousé la sœur. Et maintenant, rentrant au nid après avoir accompli ma tâche, j'ai fait un crochet pour rendre visite à cet ami fraternel qui se compare lui-même, aéronaute de ballon captif, à un oiseau attaché par la patte.

Tout d'un coup, au-dessus d'une mer de feuillage, je l'aperçois ce ballon, avec sa forme de boudin épaissi à une extrémité et sa nacelle microscopique. Il tire sur son câble et a perdu dans la bourrasque son immobilité habituelle ; tout agité de sursauts spasmodiques, il fait de grands efforts pour s'échapper, comme une bête captive. Ceux d'en bas ont vu le danger et actionné le treuil, car il me semble voir l'énorme vessie s'abaisser peu à peu. Mais je n'en suis pas sûr, étant encore très loin et sans repère.

Je mets droit le cap dessus et, à plein gaz, je lâche mon moteur unique. Pris dans les rafales, mon petit avion danse et saute et ce vent d'enfer le drosse vers les lignes ennemies. A tout instant, il doit remonter dans le vent, et c'est long et pénible cette course dans la tempête ; de temps en temps des obus perdus éclatent dans le ciel, à ma droite ; ils font un petit nuage compact qui se met à courir grand train dans le vent.

Là-bas, à l'horizon, le ballon captif s'agite toujours au bout de son câble ; pourquoi ne descend-il pas plus vite ?

Quand j'arrive enfin dans son voisinage, au-dessus des grands bois, je me mets en plané, nez au vent, à petite hauteur, pour chercher un atterrissage ; le ballon ne descend plus.

Tout à coup je le vois remonter vite, marquer un temps d'arrêt très court et s'élancer d'un bond vertigineux vers les nuages. Dans un éclair j'ai cru voir, au passage, la silhouette de mon frère s'agiter dans la petite nacelle. Sans réflexion, d'un seul geste, je remets les gaz et je braque à fond ; mon appareil, comme une bête surprise, se cabre, hésite un moment en freinant le moteur, puis repart à toute allure quand celui-ci, ne faiblissant pas sous l'effort exagéré, a repris son régime. Tout cela s'est fait avec une extrême rapidité, et maintenant nous voici lancés dans les nuages — à la suite du ballon. — Il monte bien plus vite que nous, ce ballon échappé. Je n'ose le regarder, l'idée qu'il pourrait éclater me secoue d'une anxiété frénétique, tandis que je suis là, lié à mon avion qui me paraît tout à coup si lourd et si lent.

Quelles minutes !... Mais non, il n'éclate pas le ballon, il semble même être redescendu un peu, et maintenant il part à la dérive dans le vent.

Lancé à sa poursuite, sans penser à rien qu'à l'atteindre, qu'à voir mon frère et l'encourager du geste, j'ai vite fait de me rapprocher à une allure folle.

Mais lui, dérivant dans ce vent de tempête, et moi de toute ma vitesse exaspérée, nous arrivons bientôt dans le voisinage des lignes ennemies, et déjà des obus, tirés obliquement, de très loin, commencent à éclater en avant de nous, très bas. Leur explosion fait un grand éclair rouge, et alors seulement, à cause de cette lumière accrue, je m'aperçois qu'un sinistre crépuscule mouillé s'étend sur la terre.

Maintenant, j'ai dépassé le ballon qui descend un peu et, d'un grand virage, je reviens sur lui, dans le vent.

Et je vois... étouffé d'angoisse, je vois le ballon délesté tout à coup faire un bond formidable, fumer un peu et prendre feu ! Je vois, à travers mes lunettes brouillées, la chose immense qui brûle dans les nuages, puis se met à descendre de plus en plus vite en laissant un lourd sillage de fumée. Et alors, ô joie du ciel, de mes yeux encore horrifiés, à travers mes larmes, je vois, à la lueur de cet incendie aérien, un parachute qui descend lentement !... Il va, d'une course oblique, loin de ce ballon en feu, qu'il a dû quitter avant le sursaut d'il y a un instant.

Et maintenant, sans souci des obus, ni de la nuit qui vient, ni de ce vent d'enfer, ni de rien au monde, je me jette vers le sol, à la suite de ce parachute qui porte mon frère.

Quand j'y arrive, après un atterrissage tâtonnant et brutal, dans un terrain vague, il fait très sombre et des projectiles perdus sifflent dans le ciel obscur. Tandis que je me débarrasse de mes liens pour aller à la recherche de mon frère, je

vois avec stupeur venir à moi un grand diable
de lieutenant barbu, qui traîne après lui un débris de parachute et qui me serre les mains,
disant avec un bon rire tranquille et jovial :
« Avez-vous vu si j'y ai bien f... le feu, à ma sau-
cisse ; les Boches ne l'auront pas ! » Et il se remet
à rire en se frappant les cuisses.

XXXI

UNE ATTAQUE

Juillet 1916.

Tout d'un coup, vers minuit, le temps a changé ;
la brise a tourné de plus d'un quart ; les nuées fuligineuses qui, depuis des jours et des jours, cou-
laient sur ces terres basses au gré d'un suroît
mouillé, se sont allégées, effilochées, puis dissoutes. Maintenant il fait un ciel de velours
sombre, ponctué du scintillement vif des étoiles.

Un grand calme impressionnant s'étend sur la
campagne mouillée, où le silence plane dans l'air
immobile ; par degrés le froid augmente et il
semble que toute vie s'éteigne peu à peu dans les
ténèbres glacées.

Le parc de l'escadrille est désert. Les heures passent. Soudain, bien avant l'aube, se déchaîne la tempête lointaine de la grosse artillerie. A l'instant le parc s'anime : des lumières courent, des voix s'élèvent, les phares trouent l'obscurité à grands éclats de leurs flammes d'acétylène. Parfois, au signal d'un guetteur croyant surprendre le murmure du vol sournois d'un ennemi, tout s'éteint, tout se tait, et on n'entend plus, par rafales, que l'écho assourdi de l'artillerie lointaine.

La nuit s'achève dans ces alternatives d'activité et de vigilance. Maintenant, après une aube étincelante et glacée, c'est une paisible matinée de soleil. L'escadrille au complet, toute prête à l'envol, est rangée sur l'herbe rase, au revers d'un monticule. Autour des biplans, assis sur leur queue et braquant l'avant caréné de leur fuselage vers le ciel, c'est l'animation d'avant les grands départs, les jours de bataille, et nous vivons les minutes émouvantes de l'attente avec une ardeur concentrée, un peu impatiente et anxieuse, mais sans fièvre.

Tandis que nous attendons l'ordre du départ, le commandant de l'escadrille nous révèle notre mission. Elle est simple. Pendant qu'un autre groupe d'avions va attaquer de flanc les positions ennemies, nous devons faire une diversion, attaquer de front, détruire tous les appareils que nous pourrons atteindre et bombarder le centre aéronautique. Puis, très vite, les signaux de commencer l'attaque nous parviennent et, dans un ordre précis, nous prenons notre essor.

Nous allons bon train, prenant peu à peu de l'altitude. Notre pensée est appliquée tout entière à notre tâche. Il nous faut veiller constamment à l'allure de notre moteur et régler la vitesse pour ne pas dépasser le chef de file, nous tenir en vue des camarades, et sensiblement à la même hauteur, sans les gêner dans leurs évolutions ; nous devons aussi repérer la route sur carte, et tout cela est fort absorbant.

Aussi sommes-nous surpris par une rafale qui nous secoue rudement. Avec une soudaineté de mauvais augure, le temps change ; le vent maudit est retombé vers l'Ouest et nous envoie de grandes risées irrégulières ; à gauche et derrière nous, des nuages moutonnent à l'horizon.

Maintenant, nous voguons, à grande altitude, au-dessus des lignes ennemies et des projectiles éclatent au-dessous de nos appareils. Bien que le temps soit clair, il est difficile de distinguer les détails du sol, dont le relief s'est aplani, on voit seulement étinceler au soleil un grand nombre de mares, rivières et canaux.

Nous allons ainsi, quand nous voyons subitement notre guide venir en grand sur sa droite et plonger. Nous prenons la file, qui est notre formation de combat, et nous imitons sa manœuvre.

Alors, descendus de quelques centaines de mètres, passant au travers des fumées, nous entrons d'un grand élan dans la bataille et nous voyons :

A terre, un hangar brûlé sur la bordure d'une prairie ; des fumées de bombes éparses, des appareils abandonnés sur le terrain et enfin deux ou trois aviatiks marqués de la croix qui filent vers l'horizon en rasant le sol. Nous lâchons deux bombes et déjà nous sommes passés.

Attentifs à la manœuvre, cramponnés à nos leviers sans autre pensée que l'action, nous cherchons des yeux notre guide. Le voilà qui revient sur le lieu du combat ; nous le suivons, à notre place, dans la file. De nouveau, nous lâchons des projectiles ; en bas, rien n'apparaît que des fumées qui s'effilochent au vent et toujours sur la prairie ces appareils abandonnés.

Tout cela se succède comme un vertige. Seuls, les instants durent, pendant lesquels, la main sur le déclic, on choisit le moment de lancer la bombe. Dans la crainte de dépasser le but, on vise pendant un temps qui paraît interminable.

Puis, très vite, en raccourcissant chaque fois les virages, nous revenons sur notre but.

Maintenant notre tâche est terminée. Nous sommes joyeux de l'avoir menée à bièn. L'ordre de marche de l'escadrille est rompu et nous nous élançons d'un grand élan vers le Sud-Est — vers le gîte.

XXXII

NAUFRAGE AÉRIEN

« Ah ! vous avez cru que c'était le lieutenant
T..., votre beau-frère, qui faisait la grande ca-
briole ! Eh bien, non ; il est en ce moment bien
tranquille au gourbi en train de savourer les
délices du repos ! »

Le grand lieutenant jovial parle, avec son air
paisible, tandis que je l'écoute, appuyé au fuselage ; je suis encore tout grelottant d'angoisse,
mal remis de ma stupeur et tout meurtri de cet
atterrissage bousculé. Nous sommes seuls dans
cette clairière perdue au fond des grands bois,
sous ce crépuscule mourant, et j'écoute mon
compagnon raconter avec une émouvante simpli-

cité les péripéties de l'aventure horrifiante, toujours de sa même voix tranquille, extraordinairement paisible.

... « J'étais tout à mes observations, dans la
nacelle de mon ballon captif, depuis un bon bout
de temps, quand subitement le temps se met à
changer, d'une manière rapide et mauvaise. De
mes six cents mètres d'altitude, je vois de grandes
nuées sombres et tourmentées qui roulent, se
bousculent et bientôt bouchent l'horizon. Ma sau-
cisse, dans les rafales, tire sur son câble, les
poches à air pleines à craquer ; bientôt nous commençons à tourner autour de notre treuil, les
angles de dérive changent à tout instant, rien à
faire, il faut descendre.

« A peine donné l'ordre de descente, par téléphone, les choses commencent à se gâter ; les
rafales se succèdent, le ballon, à grands coups de
bélier, arrache sur son câble ; une saute de vent
nous ayant rejetés sur le Nord-Est, les obus
boches nous cherchent, très obliquement, et
viennent éclater au-dessus des grands bois. C'est
alors que je vous ai aperçu à l'extrême horizon,
et j'ai supposé d'après votre direction que vous
étiez un ennemi.

« A cause de la distance, je ne peux ni vous
reconnaître, ni voir si vous recevez des obus.

Alors voyant que cela va décidément très mal et que la tempête va croissant, je téléphone pour hâter la descente, car l'altimètre, depuis un instant, reste immobile ; on me répond, on me bredouille quelque chose : le vacarme de la bourrasque, les gémissements du vent dans les agrès m'empêchent de comprendre.

« Un moment je reste ainsi, toujours secoué au bout de mon câble, puis, avec une soudaineté qui me fait m'affaler au fond de la nacelle, nous recommençons à monter ; avant que j'aie pu comprendre ce qui m'arrive, le ballon marque un temps d'arrêt au bout de son câble surtendu, puis, d'une secousse à me décrocher le crâne, casse l'amare et, d'un seul bond, saute dans les nuages.

« Ç'a été un sacré moment, savez-vous ? Nous balancions en tournant sur nous-mêmes et je commençais à trouver cela fort long, quand, par bonheur, j'ai pu ouvrir la vanne de l'équilibreur ; alors, la terrifiante montée s'est arrêtée et nous voilà partis dans le vent, à toute allure, mais d'un mouvement si aisé, si mou, que j'ai immédiatement repris mon sang-froid. J'examine la situation.

« Elle n'est pas brillante. Pour l'instant, certes, le danger est conjuré, mais tout à l'heure nous allons planer au-dessus des Boches, alors ce sera la mitraille, la descente et pour le moins la captivité. C'est à ce moment que je vous vois, vous, appareil français, mais vous ne pouvez m'être d'aucun secours. Il n'y a qu'une solution : descendre. Avec le ballon, il n'y faut pas songer ; donc c'est le grand saut ; sans réfléchir plus avant, je vérifie la suspension de mon parachute, et je vais me jeter en bas quand je pense que les Boches recueilleront probablement le ballon vide avec les instruments et les documents qui y sont encore. Cela non.

« Par fortune, nous avons fait sauter des souches dans la matinée et j'ai encore un bon bout de cordeau Bickford dans ma poche. C'est vite conçu, vite fait. Je grimpe sur le grand cercle, j'empoigne une drisse à signaux, j'y amarre une extrémité de mon cordeau et je hisse à bloc tout contre l'enveloppe, puis (mon cœur toque un peu dans ma poitrine) je mets le feu. — Maintenant il faut sauter et au plus vite — de douze cents de naut — ah ! le sacré moment. — Rien qu'à le raconter, maintenant, j'ai le poil rebroussé et la face suante. Hardi ! je ferme les yeux, je me jette.

« C'est long, long, l'air me siffle aux oreilles, puis le parachute se développe et c'est alors un grand coup à m'arracher les épaules. Enfin le plus dur est fait ; je descends tranquillement, maintenant, en me balançant. C'est bien doux, bien agréable après les premières secondes. Tout d'un coup, je pense à mon ballon, je l'oubliais dans mon émoi ! Je le cherche et je le vois : il brûle dans le ciel. Je me sens requinqué, regaillardi. Pas autre chose à faire qu'à se laisser descendre, en admirant le paysage. L'atterrissage, par exemple, a été quelque peu mouvementé, le contact avec la terre maternelle empreint d'une certaine rudesse... »

Là-dessus, le lieutenant part de rire. Je l'accompagne, rêveur, dans le crépuscule de plus en plus sombre, vers le gîte encore lointain.

XXXIII

DAUCOURT ET DE BEAUCHAMPS

(Le raid du 22 septembre 1916 sur Essen.)

Essen.est quelque chose de plus qu'un centre industriel comme Manchester ou Pittsburg : c'est la ville où un peuple ouvrier de 80.000 âmes forge le glaive allemand. Les canons Krupp ont vaincu à Sadowa. Ils ont donné, il y a quarante-cinq ans, la couronne impériale aux Hohenzollern. Le Kaiser comptait, par eux, réaliser en 1914 le grand coup qui lui assurerait la domination du monde.

Ayant jugé l'heure venue de tenter sur cet objectif important un premier essai, le commandement français prit toutes les mesures nécessaires pour en assurer le succès. Les deux avia-

teurs désignés furent munis d'appareils étudiés
avec soin et l'expérience prouva qu'on ne s'était
mépris ni sur la qualité de ces appareils, ni sur
la valeur de leurs pilotes.

Le départ fut retardé d'une semaine par les
pluies. Le 22 septembre, le temps paraissant
fixé au beau, les deux officiers décident de partir
le lendemain. Ils consacrent la nuit à parfaire
leurs préparatifs. Les cartes, montées sur des
liseurs à cylindres, sont placées au dernier moment. A onze heures quinze, tandis que le lieutenant Daucourt achève d'armer sa mitrailleuse,
le capitaine de Beauchamps fait mettre son moteur en marche et commence à s'élever. Nul,
hormis son compagnon, ne sait où il va. Les
ouvriers de l'usine où ont été construits les
avions seront surpris par le communiqué annon-
çant le raid sur Essen. Ils croyaient préparer une
expédition sur Ludwigshafen.

Les deux appareils, partis à quelques minutes
d'intervalle, commencent par s'attendre l'un
l'autre; ils se rejoignent, passent une heure à
prendre de la hauteur; ils franchissent enfin les
lignes et s'élancent vers le Nord; il est midi
quinze.

Le couple aérien suit la Moselle, gagne Trèves,
laisse à droite Coblentz, évite les grandes villes

où on peut être signalé. Le Rhin est franchi un peu au Nord de Romagen.

L'itinéraire prévoyait, à cet endroit, un changement possible de direction. Les pilotes avaient convenu que, si l'objectif essentiel leur paraissait, dès ce moment, impossible à atteindre, ils auraient jeté leurs bombes sur la gare de Cologne. Mais tout leur réussit. Déjà se dessine là-bas la boucle de la Ruhr. Voilà Essen. Elle s'annonce de loin, la cité de fer, à ses cheminées sans nombre, dont les fumées épaisses marquent l'endroit que nous avons choisi. Essen n'est plus invulnérable. Nous en connaissons le chemin ; nous ne l'oublierons pas.

— Et vous savez, ajoute le capitaine de Beauchamps, j'avais encore deux heures d'essence en arrivant ; je pouvais aller plus loin.

Aux premiers temps de l'aviation, encore si proches et qui paraissent si reculés quand on évoque le chemin parcouru et les progrès réalisés, c'était une prouesse que de prendre l'air tous les jours et de s'élancer vers les vertigineuses altitudes de deux cents mètres !!! Quotidiennement, en cet été de 1911, Daucourt, nouveau

breveté, accomplissait cet exploit. Dans le même
temps, tandis qu'il planait au-dessus d'Issy-les-
Moulineaux, un maigre monoplan, poussif et fantasque, s'acharnait à labourer le sol, sans jamais
réussir à prendre son essor, au grand désespoir
de l'inventeur qui l'avait construit.

Un beau jour, nous voyons revenir le monoplan (qui s'était embouti la veille contre les pi-
quets du puisard), rafistolé et reverni. L'inventeur, à moité ivre d'espoir et d'angoisse, était là
avec une nombreuse escorte de parents et d'amis.
A l'époque, cela nous faisait bien rire ; maintenant, nous comprenons combien est triste et poignante cette lutte désespérée d'un inventeur
abandonné et sans argent contre le destin malé-
vole.

Bientôt, l'inventeur venait nous confier ses
espoirs : « Voilà, c'était la faute de son pilote si
le monoplan s'acharnait à ne pas décoller ; le moteur était un peu faiblard, sans doute, mais, entre
des mains habiles, il allait « gazer » ; ils avaient
passé la nuit, lui, ses parents, ses amis et ses
ouvriers à tout mettre au point ; le coucou était
« fin prêt » et Daucourt allait le prendre en
main. »

Le grand moment arrive. Daucourt fait le tour
de l'appareil, vérifie les commandes et s'installe

sur un drôle de petit siège placé entre les roues, au ras du sol. Il est calme et résolu ; on le sent plein de courage et décidé à tout tenter pour réussir, mais, dans sa bonne figure loyale, deux yeux ironiques et malicieux luisent.

Il s'installe et ordonne le départ ; une voix crie : « Méfie-toi, Daucourt ! » Le moteur, par fortune, part du premier coup, l'appareil s'arrache des mains des aides et s'élance dans un nuage de poussière et parmi le tonnerre de ses explosions.

L'inventeur, tout pâle, ferme les yeux, puis instinctivement lève la tête comme pour regarder aux cieux. Alors tout le monde se met à rire, parce qu'on voit le monoplan qui s'en va, à petite allure tranquille, là-bas, au bout du champ et qui, de temps en temps, fait les « chevaux de bois » d'un petit air guilleret et joyeux ; c'est très comique et tout le monde rit.

Quand Daucourt revient, toujours au sol et toujours de cette petite allure capricante et drôle, il est couvert d'huile et de poussière. Toussant et crachant, il se prépare à descendre, quand, voyant sur la figure de l'inventeur les signes d'un si profond et si tragique désespoir, il donne l'ordre de tourner l'appareil, et repart. Maintenant, l'on ne rit plus. Tout le monde comprend

que cet homme va tenter l'impossible et risquer
sa vie. La même voix sinistre crie dans le bruit :
« Méfie-toi, Daucourt », tandis que l'appareil
s'élance. Il va, maintenant, tout droit, assez vite,
et l'on voit battre à grands coups son stabilisateur, mais en vain. L'appareil reste collé au sol.
Daucourt revient encore, plus maculé, tout
suant; il regarde l'inventeur, lui fait un petit
signe d'amitié, et repart. C'en est trop; bien
qu'habitués à ce spectacle, nous sommes saisis
par la poignante grandeur de cette lutte où
l'homme risque sa vie en se colletant en désespéré avec les forces élémentaires, et nous attendons anxieux et figés. Alors le miracle se produit;
le moteur, presque rouge, tonne avec fureur et,
sur un coup de queue, l'appareil se cabre, hésite
un moment et prend son essor! Il va ainsi, tanguant, la queue basse, un peu lourd et cahotant
dans les airs, mais il vole; il vole et, parmi les
cris et les applaudissements, revient au sol. Ce
jour-là, nous avons vu une grande chose, nous
avons vu ce que valait Daucourt, de cœur, d'âme
et de savoir; depuis, il en fait bien d'autres!

XXXIV

LE MISSIONNAIRE RETOUR AU NID

13 octobre 1916.

Le parc de la formation s'étale dans l'immensité de la plaine rase, sous le grand soleil, il est tout secoué d'une activité trépidante, en pleine fièvre de travail diurne.

Le parc, hors de la portée des canons ennemis, s'est de jour en jour agrandi au point de devenir immense, car, depuis longtemps déjà, il ne craint plus guère les attaques aériennes, son ciel étant purgé de toute volaille boche !

L'usine électrique dans un coin fume sous l'amas de ses toits hétérogènes — tuiles, tôles ondulées. Plus loin, derrière un maigre boqueteau, sont les abris mi-souterrains, d'où peuvent jaillir

18

en plein vol, vigueur bandée et nerfs tendus, les foudroyants nouveaux avions.

Devant le bureau du commandant, un groupe d'officiers est réuni, qui semblent attendre et inlassablement regardent le ciel, vers le Nord-Est. De temps en temps, un planton vient en courant porter le texte de quelque phonogramme, et peu à peu, sur les figures attentives et sérieuses, une anxiété se manifeste, qui, d'instant en instant, devient plus visible et nettement plus angoissée.

Puis une nouvelle circule dans les groupes : l'adjudant X..., le célèbre pilote d'avant la guerre, est parti seul, ce matin, avant le jour, chargé d'une importante mission, et tarde à rentrer.

La matinée s'avance et le soleil monte à l'horizon ; en dépit de toute cette allégresse de beau temps d'été, l'attente devient d'instant en instant plus lourde et plus anxieuse. Bientôt, derrière le groupe des chefs s'est réuni un petit nombre de mécaniciens qui, eux aussi, examinent le ciel. Il est aimé de tous, l'adjudant X..., très aimé malgré son langage caustique et la fantaisie de ses propos, ayant conservé de son origine plébéienne une tournure originale et une langue pleine de saveur !

Maintenant les avions du centre commencent à rentrer, leur besogne faite.

Les mécaniciens connaissent tous les appareils par leur petit nom ; à je ne sais quels signes imperceptibles (sifflement d'une hélice ébréchée, rythme ou timbre particulier d'un moteur, manœuvre spéciale d'un pilote), ils ont tôt fait de distinguer tel ou tel appareil et on les entend dire entre eux : « Tiens, voici Navarre. Tiens, voici Sauvage, ou tel autre », ou bien encore : « Guynemer rapplique, il est bien pressé, aujourd'hui ! »

Bientôt arrivent, en imposantes escadres, les formations de bombardement qui rentrent de la manœuvre, le ciel se vide et le silence se fait ; nous attendons toujours.

Enfin, du téléphone, une nouvelle arrive, assez vague : on a cru reconnaître l'adjudant X... passer à très grande hauteur au-dessus des lignes de feu ; il est apparu un instant entre les nuages, marchant au Sud-Ouest, contrarié par une forte dérive — il ne semblait pas poursuivi.

Tandis que le commandant envoie un officier quérir de plus amples détails, nous continuons notre promenade anxieuse sur le champ, les jeunes « as » descendus de leurs avions viennent se joindre à nous.

Tout à coup, une voix, dans le groupe des mécaniciens, crie : « le voilà ! » et bientôt nous

parvient un petit ronronnement de moteur perdu
dans l'immensité, mais nous ne voyons encore
rien ; puis un point imperceptible paraît au zénith, qui grandit de minute en minute et s'approche du sol en une descente effarante, à plein
moteur.

« Gare à la ressource », crie un mécano, mais,
au ras du sol, avec son habituelle maîtrise, X...
redresse, vient atterrir, et coupe son allumage.
Cependant, comme affolé d'avoir si longtemps
tourné à toute allure, l'hélice continue sa course
par soubresauts, au gré des auto-allumages du
moteur trop chaud. Enfin, le monoplan s'arrête
et nous voilà tous à courir vers lui.

En approchant, nous voyons X... se dresser
dans son fuselage ; il n'a plus de casque, et le
passe-montagne lui fait une tête ronde et un cou
engoncé de phoque. De plus près encore nous lui
voyons une face violette et congestionnée, et des
yeux bouffis, tuméfiés, pleins de larmes. Portant
ses mains en porte-voix autour de sa bouche,
X... se met à crier :

« Voilà, mon commandant, ça y est — et je
vous ramène le coucou, un peu amoché, mais
pas trop — j'en ai pas perdu trois livres, en
tout ! »

S'approchant, le commandant dit : « Et votre

casque ? » Sans répondre, X... fait un signe drôle
de la main, par-dessus son épaule, signifiant clairement que le casque a été emporté vers l'arrière,
très vite, par un choc imprévu. « Avez-vous été
touché », s'enquiert le commandant. X... de répondre : « Pas moi, mon casque, ce chameau
s'est cavalé en m'emportant mes lunettes ! »
Tout le monde se met à rire, tandis que X... descend de son appareil et va, un peu à l'écart, faire
au commandant le récit probablement imagé de
sa dernière aventure.

XXXV

LE MESSAGER DES BONNES NOUVELLES

L'adjudant X..., descendu de son avion, raconte au commandant les péripéties de sa mission, et celui-ci, l'ayant félicité, lui dit en lui frappant amicalement sur l'épaule : « Allez vous reposer, mon cher, et puis vous me ferez un bout de rapport que vous m'apporterez ce soir. »

A ces mots, X... prend une mine consternée et laisse tomber ses bras en faisant un geste de découragement, et tout le monde se met à rire pendant que le commandant s'éloigne en se frottant les mains, heureux du retour de son chef pilote et de la périlleuse mission réussie.

X..., d'un air furibond, car il déteste les rapports et les écritures en général, regarde du côté des jeunes pilotes et va lâcher quelque brocard quand il m'aperçoit. Et aussitôt accourant, il me serre les mains en s'écriant :

« Enfin, en voici un de l'ancienne aviation ! Ça se reconnaît tout de suite ; ça n'est pas comme ces nouveaux (se tournant vers la jeunesse glorieuse), qui ne savent que manger, boire, dire papa, maman, et rentrer dans le Boche quand ils en rencontrent un ! Mais quand il faut de l'astuce, de l'endurance, de l'habileté, et des rapports aussi, hélas ! c'est nous, les anciens, qu'on vient chercher ! » Là-dessus, avec un regard impayable décoché aux jeunes gens, qui rient de bon cœur, il me prend sous le bras, disant : « Allons becqueter, après je vous conterai mes aventures (les isolés n'ont pas de service avant cinq heures), et... » Je finis pour lui, en contrefaisant sa voix : « Vous me tournerez un bout de rapport, vous qui écrivez mieux que Loti. »

Alors X... me regarde de côté, avec sa bonne face toute tuméfiée, ses yeux bouffis et larmoyants, et me dit très tranquillement : « Vous avez mis le doigt dessus. »

Et sans plus attendre, mon ami entre dans le vif de son récit :

« Hier, à la rentrée du matin de l'escadrille, le

commandant m'a fait appeler et m'a annoncé que je partirais la nuit suivante pour aller jeter des proclamations sur la ville de B... et annoncer nos récents succès, ajoutant qu'on lui avait laissé toute latitude pour l'organisation des détails de l'entreprise, et là-dessus m'amène visiter l'appareil que je devais monter et qu'il me faudrait ramener intact sous peine de forte eng... »

Je sais, en effet, que lorsqu'on veut empêcher X... de se livrer à de dangereuses témérités, on lui enjoint de ramener son appareil intact, de même que l'on conseille à d'autres de ménager leur vie.

« Le commandant voulait faire l'opération de nuit, et sans tambour ni trompette. J'ai protesté comme un voleur, disant que les Boches auraient beau jeu pour faire disparaître les proclamations tombées pendant la nuit et qu'il valait mieux les semer dans le ciel, en plein jour, après avoir lancé une bombe pour annoncer la chose, et une autre pour fermer le ban, la distribution faite. Le commandant finit par se rendre à mes raisons, en exigeant toutefois que je parte de nuit, pour arriver sur B... à l'aurore, et me gratifia de deux obus de 90.

« Donc, cette nuit, après avoir tout installé, j'allai faire un petit roupillon, non sans avoir

préposé Émile à la garde du coucou, me souve-
nant qu'à la veille du raid de Marchal on lui avait
barboté sa combine et ses proclamations. » Là-
dessus X... se met à rire en pensant à la tête du
chapardeur quand il a ouvert les proclamations :
— quel chopin !!! »

Et continuant : « Ce matin donc, aux dernières
heures de la nuit, je me mets en route par un
temps frisquet et assez clair ; le coucou, tout
neuf, file comme un dard et grimpe en chandelle.
Au-dessus de deux mille je trouve des nuages et
je me jette dedans pour franchir les lignes. Je
navigue ainsi à la boussole, sans être trop gêné
par les projecteurs boches qui font de grands
halos dans les brumes sans parvenir à me repérer, ni par les artilleurs qui envoient des volées
de mitraille au hasard. Par prudence cependant
je grimpe encore, et bientôt je navigue tranquillement, sans rien voir, lancé dans toute cette
obscurité à cent quatre-vingts à l'heure.

« Quand le ciel commence à blanchir, je descends pour me repérer, mais je suis obligé de
regrimper vivement devant la poursuite des projecteurs ; enfin, au petit jour, j'arrive sur la ville.
Je tourne encore un moment dans les nuages,
puis je pique à fond vers les toits. Ça n'a pas été
long. Avant d'être seulement à deux mille mètres,

j'ai reçu une telle pétarade que j'ai dû remonter à toute allure. Ainsi de suite plusieurs fois jusqu'au moment où j'ai vu des ailes poindre à l'horizon. Alors, plus d'hésitation, je me jette en bas d'un grand élan, à plein moteur, et j'ouvre le ban en lançant ma première bombe sur la gare. Je ne suis pas encore à portée pour jeter mes papiers que les fusants recommencent à m'encadrer. Ça n'est pas tenable, — alors il me vient une idée : — je mets au ralenti, coupant et remettant la sauce par soubresauts, comme si le moteur était déclinqué, et je m'affale en bas en feuille morte, en vrille, de tête et de cul, sur l'aile ou la queue. Du coup, les Boches ont coupé dans le panneau et, pour ne pas esquinter, je pense, un appareil qui descendait si gentiment chez eux, ont cessé de tirer. Mais moi, le temps me durait. Je pensais aux amis d'en bas qui devaient lever les bras en pleurant de rage, et les femmes à genoux priant dans les rues (comme j'ai vu pour ce pauvre Gollier), et j'entendais dans mon cœur toutes ces clameurs et toutes ces prières. Alors, d'un seul coup, vers deux cent cinquante mètres, j'ai jeté mes papiers, fermé le ban avec ma deuxième bombe sur une caserne qui se trouvait là tout près et remis les gaz, et j'ai entendu, j'ai entendu, je vous jure, le formidable cri de joie qu'ont lancé

les amis inconnus de la ville envahie, soudain
allégés de leur angoisse.

« Les Boches, un moment surpris, ont recommencé le tir, juste au-dessus de moi, tandis que
je filais en douce droit devant ; et puis, tout d'un
coup, je cabre à fond et me voilà parti en chandelle. Il était temps : ça recommence à péter
ferme, — pourvu que le moteur tienne le coup !
— et je suis là, tassé au fond de mon fuselage,
comptant les pulsations. Quels moments ! Quand
le moteur commence à freiner, je rends la main
— je ne suis qu'à sept cents — et je recommence.
Ça dure, ça dure.

« J'ai bien peur que ça ne dure pas assez longtemps.

« Juste au moment où je redresse pour la troisième fois, un obus vient m'éclater sous le nez.
J'ai cru que c'était fini. Quelle secousse ! Mon
casque et mes lunettes ont fichu le camp du coup,
mais le zinc tourne toujours, et le manche à balai
répond. Y a pas de bobo. Gare à la prochaine.
Mais, à ma grande surprise, les Boches cessent de
tirailler, et je m'aperçois qu'un grand bougre de
biplan est arrivé presque à ma hauteur et qu'il
me donne la chasse. J'aime mieux ça, et me voilà
manœuvrant. C'est ce biplan boche qui m'a sauvé,
et quand, le moment venu, je me suis jeté des-

sus, je l'aurais bien descendu à coups de mitrailleuse, si seulement j'avais eu des lunettes. Mais avec ce vent d'enfer qui me retournait les cils dans les yeux, impossible de bien viser. Malgré tout, ayant reçu une bande à bout portant, par dessus-arrière, voilà mon Boche qui descend sans plus rien m'envoyer que quelques coups de mitrailleuse trop allongés. Comme des nuages propices se trouvaient par là, — à quelque trois mille mètres et bouchaient le ciel vers le sud, — je me suis jeté là-dedans à corps perdu, la tête enfoncée derrière mon capot, et j'y ai plongé juste comme toute une volaille boche s'élevait de Z... pour me donner la chasse. »

XXXVI

L'ESCORTE

2 novembre 1916.

La nuit noire. De rares étoiles clignotant au ciel sans répandre une clarté ; de grandes rafales froides passent en gémissant, puis le silence nocturne revient dans l'aérodrome désert. La nature, cette nuit, a quelque chose d'hostile et de sinistre ; je suis là, auprès de mon avion, et avant de me lancer seul dans ces ténèbres inquiétantes, j'ai le cœur serré par une sorte d'appréhension sans cause, indéterminée, mais poignante !

A quelque distance, se devine la silhouette d'un autre appareil, posé sur l'herbe rase, autour duquel quelques ombres s'agitent : l'avion que je dois escorter pendant la dangereuse randonnée

qu'il va entreprendre au-delà des lignes ennemies. Il est monté par un de nos plus célèbres
pilotes d'avant la guerre, l'adjudant X..., chargé
d'une importante mission en territoire envahi.

A mesure que le temps s'écoule avec une pénible lenteur et que la nuit s'avance, dans des
alternatives de rafales gémissantes et de calme
sinistre, il me prend une impatience à m'élancer,
à sortir de cette inaction et de cette anxiété, à me
jeter corps et âme dans la périlleuse aventure,
pour ne plus penser.

Et, tout à coup, pendant une accalmie qui se
prolonge, éclate en tonnerre la forte voix du moteur de X... On prolonge l'essai, un moment,
tandis que l'appareil captif entraîne les mécaniciens, arc-boutés, puis, brusquement, tout se
tait. C'est l'instant dernier, la suprême minute !
A mon tour, j'essaie mon moteur, puis je coupe.
Alors, le commandant s'approche, et, à voix
basse, me résume encore une fois la consigne.

Elle est simple : suivre l'adjudant X..., l'escorter, le défendre en cas d'attaque et ne le lâcher que mort ou pris.

Le commandant n'a pas encore terminé, que
l'autre appareil, poussant sa clameur dans la
nuit, s'élance. Quelques secondes encore, et, à
mon tour, je prends mon vol. Aussitôt, les fa-

naux qui ont éclairé notre décollage s'éteignent et tout sombre dans une épaisse obscurité ; seules, quelques rares étoiles scintillent faiblement dans le ciel.

Puis, tout à coup, loin devant moi, une nouvelle étoile s'allume, s'éteint, se rallume et brille d'un petit éclat jaune. C'est le feu masqué que l'adjudant X... a sur son appareil et qui doit me guider.

Alors, sans plus de souci que de suivre cette petite lumière errante, je lâche mon moteur à plein gaz, et j'allume les petites lampes des indicateurs : boussole, montre, altimètre, compte-tours, etc.

Nous allons ainsi dans la nuit noire sans rien entendre que le tonnerre de mon moteur, sans rien voir que mes cadrans éclairés et, au loin, cette petite étoile insolite. Quelquefois, mon appareil étant plus rapide que l'autre, j'arrive dessus au point d'être soufflé dans son sillage ; alors j'étrangle les gaz et je cabre, puis, quand l'autre a repris son avance, je rends la main.

Bientôt, dans la confusion du sol obscur, nous voyons luire çà et là des projecteurs qui, à grands bras gesticulants, nous cherchent dans le ciel obscur ; puis, toute une fantasmagorie lumineuse s'allume, s'éteint et se joue dans les brumes qui flottent au ras du sol. Tantôt ce sont de grands halos rougeâtres qui palpitent et tantôt des éblouissements blancs qui durent un instant; toujours continue la poursuite affolée et gesti- culante des projecteurs, tandis que des obus éclatent çà et là, loin de nous.

Nous passons. Toute cette féerie de rayons et de reflets dont l'éloignement et la brume font quelque chose d'irréel, de fantastique et de fu- nèbre, illumine l'horizon derrière nous. Nous sommes passés.

Les heures coulent lentes et toujours nous al- lons notre train d'enfer dans la nuit; le froid est atroce.

Tout à coup, à droite, vers l'extrême horizon, le ciel prend une teinte plombée, et d'instant en instant on voit une pâleur s'étendre et gagner vers le zénith.

Avant que le jour ne soit tout à fait levé, X..., avec ses lampes, me signale de mettre au ralenti et de tourner sur place, à grands cercles, ce qu'il fait lui-même. Puis, tout à coup, dans l'indis- tincte clarté crépusculaire, je le vois plonger vers le sol et disparaître.

Alors commencent pour moi des minutes ter- ribles. Toujours virant à grands cercles, au ra- lenti, au-dessus de cette région inconnue, j'attends que mon compagnon reparaisse et reprenne avec moi la route du retour. Les instants se traînent, interminablement, tandis que l'aube mystérieuse grandit. Lumière de rêve, insolite, presque irréelle, incapable de me laisser voir au loin, et semble cacher quelque enchantement sinistre. Les instants passent, quels instants ! Enfin, je vois tout à coup mon ami émerger et prendre à toute allure le chemin du retour : sa mission a réussi ! Subitement déchargé de mon angoisse, libéré et allègre, je me jette à sa suite d'un grand élan joyeux !

XXXVII

LE SAUVETAGE

L'adjudant X..., sa périlleuse mission en territoire ennemi heureusement accomplie, vient de me rejoindre, en plein ciel, où j'ai vécu, dans l'attente, les pires minutes d'anxiété. Son avion, allégé, monte en chandelle, et bientôt il arrive à ma hauteur; alors, d'un grand geste joyeux, mon camarade montre la direction du retour, et nous nous élançons de conserve, à toute allure.

Subitement déchargé de l'angoisse qui pesait à mon cœur, je me sens soulevé d'une ardeur joyeuse, comme si toute notre tâche était accomplie!

D'avoir vu revenir mon compagnon, alors que je le croyais perdu comme ses devanciers, de ne m'être point laissé entraîner par la dérive, en l'absence de tout repère, et de nous avoir enfin lancés de toute notre folle vitesse vers le gîte, sans apparente menace dans les cieux vides ni sur la terre perdue de brumes, il me semble que le destin favorable nous a comblés et que c'en est fini des efforts douloureux et des angoisses !

Et, pourtant, il nous reste à faire un long parcours au-dessus de l'ennemi et à retraverser les lignes de feu ; mais j'ai bon espoir, d'autant que notre itinéraire, maintenant préparé, diffère de celui de cette nuit et passe dans une région habituellement déserte, peu fréquentée par les patrouilles aériennes ; de même le passage du front de combat doit se faire par une trouée généralement mal gardée.

Comme mon avion est plus rapide que celui que j'escorte, au lieu de rester dans son sillage, comme cette nuit, je prends de l'avance pour éclairer la route, puis je reviens en faisant des voltes et des acrobaties pour narguer sa lourdeur. Quelquefois, aussi, je m'attarde à virer sur place, et quand l'autre appareil a pris de l'avance je me jette à sa poursuite, je l'atteins et le dépasse ; en le rangeant bord à bord, je lui fais de tout près un geste d'impatience moqueuse, et il me répond en agitant ses bras d'un air d'impuissance navrée. Il y a pour nous, dans les cieux déserts, tant d'aise et de sécurité, que nous prenons plaisir à ces jeux puérils.

Maintenant le jour est tout à fait levé. La petite aube glaciale et sinistre s'est peu à peu égayée d'un reflet jaune et rouge jouant dans les nues, et bientôt un beau soleil hivernal répand obliquement sa lumière jaune sur la mer des brumes inférieures.

C'est alors que l'imprévu tragique se déchaîne brutalement ; tandis que j'amorce un virage pour revenir vers mon compagnon qui est loin derrière moi, une secousse affreuse ébranle tout l'appareil et, d'un seul coup, le moteur bloque avec une telle soudaineté que la réaction du couple me fait faire une embardée terrible.

Avant toute pensée, par réflexe, j'ai coupé l'allumage et mis en vol plané ; quand je vois mon hélice arrêtée, je pique à fond vers le sol pour essayer de la faire repartir, mais en vain : rien ne bouge ! Alors, tout en descendant vers le sol à une vitesse de projectile, d'un seul coup me monte au cerveau la pensée que je suis perdu, que je descends à la captivité ou à la mort, et je me laisse aller, presque inconscient, dans la stupeur d'un subit et terrible désespoir ! Sans plus rien tenter, je traverse les brumes, et si à un moment je redresse, c'est par instinct ou par habitude.

J'ai pris terre dans un champ inculte, au milieu d'un paysage désert. Au loin, dans le brouillard du matin, un homme fuit en agitant les bras. Tout près, dans un buisson, des oiseaux chantent; tout est si calme, si paisible et tranquille qu'il me vient une lueur d'espoir. Si je pouvais remettre le moteur en route et repartir? Mais non, une bielle est cassée au travers d'un piston, le cylindre correspondant a cédé, tout est coincé à bloc; pleurant de rage, je défonce les réservoirs à grands coups d'une bûche que j'ai trouvée là. Je vais tout brûler, ensuite je me sauverai dans les bois. Tandis que je m'efforce à cette affreuse besogne, sans souci, de rien au monde que de ma douleur et de ma rage, éclate subitement au-dessus de ma tête le bruit d'un moteur soudain rallumé, et, stupéfait, je vois tomber du ciel un avion à cocardes tricolores. C'est l'adjudant X... Il atterrit. Je me précipite dans ses bras en pleurant: « Vous avez fait cela! Vous ne m'avez pas abandonné! » Mais lui, les yeux agrandis dans une face figée, me dit vivement : « Le moteur vous a lâché? Pas réparable, non? Mettez le feu, vite, et venez. »

L'essence coule du réservoir crevé, une immense flamme jaillit, nous nous précipitons vers l'autre avion, tandis que mon ami, suant et fébrile, répète comme une obsession : « Vite ! vite ! »

A peine l'hélice lancée, une volée de balles siffle autour de nous. Alors, mon camarade, lâchant son moteur à plein gaz, court un instant sur le sol raboteux et s'enlève. Moi, à peine installé, j'ai pris en main le mousqueton, mais je ne vois rien, je n'entends rien que le duo formidable du moteur et du vent terrible qui me siffle aux oreilles. De temps à autre, des balles nous arrivent, les toiles se trouent çà et là.

A bout d'émoi, contracté et suant, je m'abandonne au destin, et quand, à la faveur des brumes propices, nous franchissons les lignes de feu à très grande altitude, c'est presque sans joie que nous échappons à l'étreinte infernale. Nous allons, moi surtout, comme dans un rêve, — à bout de muscles, à bout de nerfs, — avides seulement de repos, sans force pour nous réjouir d'être sauvés.

XXXVIII

AVANT LE GRAND DÉPART

Décembre 1916.

Voyez le site : la plaine étend à l'infini ses bruyères courtes où luisent des mares. Vers le Sud, moutonnent les grands bois, et du côté de l'Est commence tout de suite une confusion de pierres et de broussailles jusqu'aux collines pelées qui ferment l'horizon. Des chemins courent et se croisent dans ce désert, avec une netteté graphique.

Une longue file de hangars d'aviation se prolonge vers une croisée de chemins, par toute une série de constructions éparses, irrégulières, hétérogènes, qui s'égaillent et s'égrènent jusqu'à rejoindre, dans un pli de terrain, le village pléthorique où sont les cantonnements et les services.

Tout cela est terne, triste et mouillé ; une mélancolique matinée hivernale ajoute sa tristesse à la désolation de la plaine morne ; de grandes rafales chassent des masses de nuages bas qui roulent et se bousculent et parfois laissent tomber une ondée cinglante. Par instants, c'est l'accalmie : alors les brumes, arrêtant leur fuite vertigineuse, traînent sur le sol et bouchent les lointains. Toute activité s'arrête sur le champ d'aviation et c'est à peine si l'on entend la clameur étouffée d'un moteur perdu dans le brouillard. Plusieurs appareils sont rentrés à la faveur d'une brève éclaircie, et on les voit sortir des nuages et revenir au gîte, fumants et ruisselants. Et de nouveau c'est le grand silence dans le désert mouillé, sous une lumière de rêve, froide, hostile et funèbre.

Tout à coup, une rumeur lointaine résonne dans les nuages, qui peu à peu s'enfle et s'approche ; les sapeurs, habitués à dépister les avions à la voix, ne reconnaissent point celle-ci et lèvent vers les nuages des yeux interrogateurs ; mais on ne voit rien. Pendant un long moment, cette voix inconnue éclate et hurle dans les brumes, et c'est angoissant comme une menace, **cette incessante clameur d'un avion invisible.**

Puis, dans une éclaircie, il apparaît enfin, l'appareil mystérieux : c'est un biplan à grande envergure, à plans étroits, avec deux moteurs fixes, qui donnent à pleine voix ; bientôt, sous les ailes, on peut distinguer les cocardes : c'est un ami et on entend les soldats nommer entre eux l'insolite visiteur, sans bien le reconnaître. C'est un Stoptwit, ou un Caproni. Non, c'est un anglais, ou bien un des nouveaux Caudron « bi-mot ».

L'inconnu, prudemment, se rapproche du sol et essaye de se dépétrer du suaire de brume qui l'environne. Ayant repéré l'atterrissage, brusquement il coupe et vient au sol, devant les hangars, avec une aisance et une habileté de grand style. Alors, oublieux des consignes des camps, les soldats se précipitent en courant pour voir de plus près l'arrivant. Quand nous approchons, le pilote (un simple sapeur), entouré d'un cercle de curieux, répond à un questionneur indiscret :

— C'est pas tes ognons ! Va plutôt dire au manitou d'ici que le « zoizeau » pour le capitaine R. de S... est arrivé.

A quoi l'interpellé (un drôle de type avec une combinaison garnie de pièces d'un violet insolent et chaussé de bottes de sa fabrication — sabots et toile d'avion jaune d'or) répond :

— Tiens, le v'là qui s'amène, le manitt', en

quatrième vitesse, sur ses trois jambes : sa bonne, sa mauvaise et la celle en bois.

Le commandant de la formation arrive en effet ; mal remis des blessures de sa dernière et terrible chute, il s'appuie sur un bâton. A la vue du chef, les badauds se souviennent subitement que des consignes pressantes les appellent ailleurs et s'esquivent adroitement ; cette débandade a quelque chose de si puéril, un air si écolier et tant de bonhomie que l'on oublie le terrible jeu de la guerre et l'inflexibilité de la discipline mi-litaire ; nous nous prenons à sourire tandis que le commandant, hélant l'un, retenant l'autre par ses vêtements, sifflant un troisième : « Eh, Jules ! toi là-bas, le tondu ! psitt, l'homme à la combine étincelante », etc., etc., a tôt fait de recruter une équipe, pendant que s'égaille le gros des fuyards. Avec une extraordinaire promptitude, le com-mandant donne ses ordres.

— Menez-moi ça dans le Bessonneaux n° 4 ! Foutez dehors les deux vieux, Maurice, et allez me chercher l'adjudant Rey !

En cinq minutes, l'appareil nouveau est abrité dans un hangar bien fermé, avec un factionnaire à la porte, et l'incident ne laisserait aucun sou-venir sans l'indiscrétion du pilote : « Le zoizeau du capitaine R. de S... est arrivé ! » Par ces mots, en un instant, tout le camp est informé qu'il se prépare quelque chose de grand et qu'un extraordinaire avion est spécialement préparé pour R. de S..., l'extraordinaire héros !

Dans l'après-midi, une auto boueuse apparaît, qui traverse obliquement le terrain et se dirige vers le bureau du commandant. Cette ignorance des consignes locales, cette boue d'une longue route, sont des signes auxquels les oisifs du camp reconnaissent une auto étrangère, et bientôt après tout le monde sait que le capitaine R. de S... vient d'arriver. Nous le voyons se diriger avec le commandant vers le Bessonneaux 4, d'où l'on sort le fameux appareil, et, à la suite d'une minutieuse inspection, le capitaine s'installe, fait longuement tourner son moteur, puis brusquement prend son erre et décolle. Le départ est mauvais ; l'appareil, sous la charge de ses réservoirs énormes, est tangent, et quand les moteurs faiblissent il s'assoit lourdement.

Pendant un grand moment, le capitaine manœuvre ; il va, vient, vire, coupe et remet la sauce, et, mal satisfait sans doute, prolonge l'essai. Je ne sais pourquoi nous ne pouvons le quitter des yeux, angoissés par la succession des présages funestes et des mauvais signes, nous attendons dans l'anxiété que cesse enfin cette émouvante expérience. Et tout à coup une voix s'écrie : « Il ne peut pas rentrer ! » L'appareil, dans ses évolutions, est sorti du terrain, et maintenant il survole le désert pierreux et broussailleux qui longe le camp derrière une rangée de hauts peupliers.

« Il ne peut pas rentrer ! » L'appareil, cabré, à la montée perd de sa vitesse et de plus en plus freine ses moteurs ; il ne peut atterrir dans les pierres et, s'il accroche les arbres, c'est la chute et l'écrasement. Et cette énorme quantité d'essence qui est à bord.

« Il ne passera pas ! » L'appareil, de plus en plus, descend ; et, tout à coup, en désespéré, le capitaine tente sa dernière chance. Il rend la main, vire un peu, et fonce vers la ligne d'arbres ; c'est une question de centièmes et de dixièmes de seconde.

Instinctivement, je ferme les yeux ; je n'entends plus que le bruit de mon cœur qui toque dans ma poitrine et me sonne aux oreilles et, quand je regarde de nouveau, secoué par le « aha » formidable qu'ont poussé les assistants, tous ensemble, je vois le capitaine arriver sur les arbres, comme un projectile, les frôler, et venir au sol. Alors, sans plus réfléchir, je me jette à sa poursuite, en criant d'enthousiasme ; nous courons tous, le commandant, les sapeurs, et bientôt, entourant l'appareil arrêté, nous entendons le capitaine dire à son mécanicien, d'un ton paisible, et avec sa voix de tous les jours :

— Émile, il faudra donner un demi-degré d'incidence au plan fixe arrière !

Et le soir même, après un nouvel et tragique essai, le capitaine partait seul dans la nuit, avec une énorme provision d'essence, vers l'accomplissement de son mystérieux exploit.

XXXIX

AGONIE

La navigation se prolonge, de plus en plus pénible. Seul sur cet avion désarmé, que j'amène à l'état-major des nouvelles formations d'artillerie lourde, j'erre depuis des heures dans les brumes humides, sombres, sous les rafales d'un suroît maudit.

Et je vais ainsi, perdu dans cette obscurité funèbre, bousculé par les rafales, n'apercevant le sol que pendant de brèves éclaircies, sans repère pour apprécier ma dérive. Bientôt, réduit aux seules indications de la boussole, je perds ma route et, quand je sors des nuages, je survole un pays inconnu. Puis le crépuscule vient, qui ajoute sa tristesse à mon inquiétude.

Il faut atterrir. Sans couper le moteur, je me

mets en descente et, d'un grand élan, je crève le
rideau des brumes mouillées qui me cache le sol.

Aussitôt, avec une soudaineté et une vitesse de
délire, se déclenche l'imprévu tragique. Toute
intelligence s'éteint et toute faculté disparaît sous
la violence et la rapidité des sensations ; un instinct exaspéré commande sans contrôle aux réflexes défensifs. Alors s'éveille en nous une espèce
de mémoire machinale : elle note la succession
des épouvantes, elle en grave le souvenir d'un
trait si appuyé qu'à l'évoquer nous sentons encore
aux reins une sueur d'agonie !

A peine crevé le voile des brumes, un sol vague
se montre et tout de suite je vois étinceler de
longues flammes et briller des éclairs d'explosion ; des fumées s'effilochent, tandis que courent
dans le vent les petits nuages compacts des shrapnells : c'est la bataille ! Sans réflexion, avec une
promptitude machinale, mais précise, poussant
mon moteur à plein gaz, du gauchissement et du
palonnier je m'évertue à virer sur place. Aussitôt
j'aperçois un grand biplan ennemi qui vient sur
moi droit, direct. C'est au moment où, le virage
terminé, l'ennemi se dérobe à ma vue, que dans
une tempête de bruit se produit l'irréparable !
C'est l'appareil poussé en avant qui me pousse
aux reins, l'aile gauche qui sème ses débris dans

le vent, ce sont les commandes molles, puis un balancement désordonné, en dépit de ma vaine défense avec le gauchissement et la profondeur, enfin l'inclinaison en avant et la chute.

« Ça y est. »

La terre monte vers moi, dans un vertige. Et tout de suite la pensée atroce de l'incendie après la chute me prend à la gorge, tandis que je râle je ne sais quoi...

— Pas cela ! Oh ! pas cela !

Avec une **rapidité** inconcevable, je coupe **le** moteur et, lâchant d'une main le levier de commande, je m'évertue à détacher les courroies qui me lient à mon appareil.

Je n'en ai pas le temps ; nous venons au sol ; d'abord, l'hélice éclate et, aussitôt après, c'est une confusion inexprimable de mouvements et de bruits ; mes liens serrent cruellement, puis cassent, et je tombe accroupi parmi l'enchevêtrement des débris, conservant l'illusion d'une course forcenée à travers l'espace.

En dépit de tout ce désarroi et de toute cette stupeur, obéissant à un instinct impérieux, je m'efforce de me dépêtrer du lacis des cordes à piano rompues.

Alors une voix retentissante monte de la terre, criant :

— Affale-toi, n... de D..., on te tire dessus !

En cet instant seulement, à ma grande stupéfaction, je m'aperçois que la bataille emplit l'espace de son tumulte et que la terre tremble sous les explosions continuelles.

A quelques pas est un sillon à peine creusé; je m'y laisse couler. Une extraordinaire sensation d'apaisement et de sécurité emplit aussitôt mon cerveau; mon cœur bat à grands coups dans ma poitrine allégée et comme vide.

La face au ciel, j'ai tout à coup la sensation que mes yeux s'obscurcissent et qu'une sueur gluante colle à ma face; au toucher, cela produit l'affreuse impression d'une chair déchiquetée, et ma main est rougie de sang.

Machinalement, j'essaie de me relever sur un coude; mais à cet instant, sur la pierre qui protège ma tête, claque le bruit plat d'une balle qui repart en ricochet au milieu d'une gerbe d'étincelles; elle pousse un sifflement si aigre et si sauvage, une plainte si désolée et si funèbre, que je retombe sans mouvement au fond de mon sillon. Le vertige s'accentue; j'ai l'impression que mon corps peu à peu devient inconscient.

Et c'est le coma. Combien de temps dure-t-il? Je ne sais.

Une à une les sensations me parviennent au

travers de mon évanouissement, d'abord vagues et fugaces; comme en rêve, elles croissent en intensité et en fréquence; sous leur choc persistant, je reprends peu à peu conscience des choses.

J'ouvre les yeux : l'interminable crépuscule de printemps laisse traîner sur la campagne une lumière livide, le tumulte de la bataille semble s'éloigner, les obsédantes mitrailleuses ont ralenti la précipitation de leur martèlement sec et mat.

Un bruit confus de voix me parvient, je sens que l'on me traîne par les pieds et tout à coup, d'une chute molle, je tombe au fond d'un trou. Quatre ou cinq soldats sont autour de moi, qui me considèrent avec compassion.

J'ai repris mes sens; mais une stupeur indicible m'accable, qui ne me permet ni de faire un mouvement, ni de parler. Bien que les voix des soldats me parviennent affaiblies, lointaines et sans sonorité, j'en saisis aisément le sens avec exactitude, de même mon oreille amusée note l'accent bizarre de l'une d'elles. Ils disent : « Il est bien attigé. Il n'est pas f..., mais il a le portrait en marmelade. » Puis quelqu'un d'invisible crie d'une voix impérieuse : « Avez-vous croché l'aviateur ? »

— Oui, mon lieutenant, répond un soldat.

— En quel état est-il ?

— Nous pouvons pas voir ; il a la tête pleine de sang et y remue pas, mais y nous regarde, qu'on dirait !

La voix reprend : « Portez-le au cachibi ! »

— Y a pas moyen, les aut' tirent au barrage en errière avec des asfissiants ; un mulot y pourrait pas passer.

La voix ne s'émeut point pour répondre :

— Amenez-le alors au réduit du capitaine.

Les hommes me prennent assez délicatement et se mettent en route dans le boyau ; il fait de plus en plus sombre. Au-dessus de nos têtes, c'est toujours le bruit de toile déchirée et les grondements de projectiles innombrables. Tout à coup les hommes me jettent contre la paroi de terre et s'affalent eux-mêmes dans les encoignures, collés au sol ; presque aussitôt une détonation éclate avec la violence d'un coup de massue sur la tête, puis c'est une dégringolade de terre et de cailloux.

Secouant la torpeur accablée qui m'enchaînait, la brutalité du choc me met debout, à la grande stupéfaction de mes porteurs, qui m'emmènent parmi le dédale des boyaux et des tranchées.

Maintenant je suis devant un homme grisonnant qui fume sa pipe, adossé à une pile de sacs de terre, le képi attaché sous le menton à l'aide d'un vaste mouchoir à carreaux; figure paisible et joviale : c'est le capitaine.

Il est là, extraordinairement calme, allant du périscope au téléphone, comme un bon père tranquille, activant ses ouvriers à l'accomplissement de quelque banale besogne.

Le capitaine me tend la main, et, avec un bon sourire : « Vous avez fait une sacrée dégringolade. » Puis il me considère un instant de côté et continue : « Je vous croyais bien fichu. »

Juste à ce moment, un grand biplan allemand désemparé vient vers nous, d'une chute oblique. En toute promptitude, le capitaine commande le feu et aussitôt éclate autour de nous un tonnerre de mousqueterie déchaîné par des soldats invisibles.

L'appareil vient au sol, comme un bolide, passant à quelques mètres de nos têtes ; il y a trois hommes à bord, deux sont morts, le buste couché sur le bordage ; le pilote, impassible, manœuvre en désespéré pour atterrir vers ses lignes.

L'œil à la jumelle prismatique coudée, qui sert de périscope, je vois le biplan, déchiqueté par l'ouragan des balles, prendre terre en avant de nos fils de fer et s'enflammer aussitôt avec un grand bruit mou. Il me semble entendre un effroyable cri de désespoir forcené, dominant le tumulte et voir une forme humaine s'élancer hors de la fournaise, puis y retomber, comme retenue par des liens.

Mais je suis à bout de nerfs ; de nouveau le grand vertige nauséeux me saisit. Dans une subconscience effarée, je sens que l'on me prodigue des soins avant de me coucher sur une banquette de terre, dans une niche creusée dans la paroi de la tranchée. Je vois vaguement quelques charbons qui brûlent sur le sol, un rideau de toile tendu devant l'ouverture. Le capitaine, paternel, entoure mes jambes d'une couverture et met un oreiller de paille sous mes reins, puis je retombe dans le néant.

Il me semble que cela dura très longtemps ; dans mon sommeil fiévreux, avec une obsession douloureuse, le même cauchemar revient sans cesse : le cri non humain d'une voix horrifiée sort d'un brasier, hurlant : « Pas cela, oh ! pas cela ! »

Subitement, un ébranlement du sol me fait sursauter, tandis que s'effritent les parois de terre. J'ouvre les yeux et j'aperçois seulement le petit feu, par terre. Une voix s'élève dans l'obscurité : « C'est la mine ! » En même temps s'allume une petite lampe électrique et je vois mon capitaine allongé sur l'autre banquette de terre, tout emmitouflé de couvertures, une serviette nouée autour de la tête. Le bruit de la bataille s'est apaisé ; dehors, c'est un calme extraordinaire, et dans ce trou une reposante impression de sécurité et d'intime bien-être !

Le capitaine me donne à boire, puis il m'explique que la ...^me compagnie ayant creusé un abri provisoire en avant de nos lignes, nous n'avons plus qu'à attendre paisiblement la relève, qui ne sera possible que lorsque les communications avec l'arrière, détruites par le bombardement, seront rétablies.

Ayant dit, il éteint la lampe et se rendort.

Plus de bruit, à peine le claquement d'un fusil solitaire ou la sourde rumeur d'une artillerie perdue dans le lointain.

Enfin, c'est la relève.

Et je sens que mes yeux se ferment aussi cette fois pour le vrai sommeil.

FIN

TABLE DES MATIÈRES

PARIS — IMPRIMERIE MICHELS FILS
6, 8 et 10, Rue d'Alexandrie.

9 782019 930547